韩兴娥课内海量阅读丛书

成语笑话

2

编著／邹敦怜　林丽丽　韩兴娥

编委／徐美华　文爱美　王建平

袁秋霞　秦克波　蔡　锦

赖庆雄　田凤云　谭建萍

·第2版·

江西人民出版社
Jiangxi People's Publishing House
全国百佳出版社

图书在版编目（CIP）数据

成语笑话 . 2 / 邹敦怜，林丽丽，韩兴娥编著 .
2 版 . -- 南昌：江西人民出版社，2024.11. --（韩兴娥
课内海量阅读丛书）. -- ISBN 978-7-210-15325-2

Ⅰ . G624.203

中国国家版本馆 CIP 数据核字第 2024AQ5431 号

版权登记号：14-2016-0112
本中文简体字版图书由台湾萤火虫出版社授权江西人民出版社独家出版。

成语笑话 2（第 2 版）　　　　　邹敦怜　林丽丽　韩兴娥　编著
CHENGYU XIAOHUA 2（DI 2 BAN）

策 划 编 辑：杨　帆
责 任 编 辑：吴丽红　胡文娟
书 籍 设 计：白　冰　游　珑

江西人民出版社　出版发行
Jiangxi People's Publishing House
全国百佳出版社

地　　　址：江西省南昌市三经路 47 号附 1 号（邮编：330006）
网　　　址：www.jxpph.com
电 子 信 箱：jxpph@tom.com
编辑部电话：0791-86899133
发行部电话：0791-86898815
承 印　　厂：江西千叶彩印有限公司
经　　　销：各地新华书店

开　　　本：787 毫米 × 1092 毫米　1/16
印　　　张：9.5
字　　　数：120 千字
版　　　次：2017 年 5 月第 1 版　2024 年 11 月第 2 版
印　　　次：2024 年 11 月第 1 次印刷
书　　　号：ISBN 978-7-210-15325-2
定　　　价：22.00 元
赣版权登字 -01-2024-584

目录

自序 一

　　成语是汉语的精练呈现，是中华文化隽永的智慧，是古人的哲理巧思。每一则成语，都给阅读者提供了深刻的意境，以及难以言传的语感表现。透过一个个典故、传奇、故事，成语同时也展现了文字的精致之美。

　　在教学中，教师常喜欢引导学生恰当地使用成语。无论是作文还是说话，运用成语常有画龙点睛的效果。但是，要怎样让学生与成语的接触更有趣？我们想到了"笑话与成语"的组合。

　　在这本书中，基本每一篇都分成四个部分：

　　首先呈现给广大读者的是一个幽默谐趣的笑话。把常用的成语巧妙地融入笑话中，可以让学生从具体情境中，了解成语的意义及其用法。

"成语意思猜一猜"列出了前面笑话中所运用到的成语的释义。它以游戏的方式，让学生来猜出相应的成语，拓展成语的延伸意义，让读者知道成语更深刻的含义。

　　"成语运用猜一猜"设计了句子或短文，让读者小试身手，引导其运用本篇所学习的成语，促使他们更熟练地运用成语。

　　"成语万事通"延伸了本篇所列成语的课外知识，包括历史事件、典故由来、寓言故事、神话传说、作品名句，与成语有关的科学、人文、社会等知识，让学生在认识成语的同时，能更伸展学习的触角。

　　以笑话为载体，让所有学习者一窥成语世界的神奇奥妙，进而引发对学习语文的兴趣，这是一条事半功倍的捷径。希望有更多的人共襄盛举，把这样的理念、想法，运用在课堂上、亲子互动中，让更多美好的语言文字，装点我们的生活，丰富我们的世界。

　　　　　　　　　　　　　　　　　　　邹敦怜　林丽丽

自序

二

本书于 2017 年 5 月出版，7 年来，重印过多次。每次重印，编者都会根据读者反馈对内容作出适时适当的修改、调整和补充，使之更趋完善。此次再版，我们也对编校方面的讹误作了订正，以期更适合广大读者朋友使用。

说起与本书的渊源，我还记得那是 2013 年的暑假，北京图书大厦书架上的一套《看笑话 学成语》进入我的视线。我随手翻开，一眼就断定——这就是我们要找的书！它是为"课内海量阅读"量身定做的书！真佩服邹敦怜、林丽丽这两位台湾教师，她们让孩子们在笑声中学习成语，这是多么巧妙的构思！没想到海峡对岸的同胞竟然与我如此心有灵犀！于是，我毫不犹豫地买下一套，并邀请几位好友改编和试教。

在改编过程中，我们发现一个笑话中只有四个成语，似乎太少了！于是，我们绞尽脑汁地添加成语、改编笑话，希望用最短的篇幅给予孩子最丰富的语言，又不失原文的无穷妙趣。

改编工作持续了两个暑假。伴着腰酸背痛，我们美滋滋地憧憬：这套"不用老师教，学生就能自学"的书呈现在孩子们面前时，他们边笑边读，边读边笑，阅读的快乐氛围弥漫整个教室。我们禁不住偷偷乐起来！

　　改编后的书稿首先进入了我们自己的课堂。果然，我们欣喜地看到，孩子们一会儿哈哈大笑，一会儿沉思静读，完全沉浸在书香墨韵之中。看到孩子们学习得兴致盎然，老师教得轻松愉悦，我们所有的辛苦皆化成甜蜜的幸福。

　　在教学过程中，我们发现这套书为孩子在阅读和写作之间搭建了一座桥梁，能够有效地激发他们使用语言的自觉意识和强烈欲望。通过学习这套书，孩子们能达到这样一种状态：学了成语，仿佛新获宝剑，时刻捕捉战机，一有机会，即用之而后快。有了这样的意识和欲望，才能形成自觉运用语言的习惯，才能学好语言。

　　于是，我们为每本《成语笑话》都做了课件，通过课件向学生展示学习方法。单个故事的学习过程是：

　　1. 听笑话故事；

　　2. 自己练习讲故事；

　　3. "开火车"口头填成语；

　　4. 看成语接力讲故事。

　　笑话故事的录音可以到喜马拉雅上免费收听，也可以由学生录音。老师可以按进度一个单元、一个单元地放给学生听，也可以把整本书的录音全部放给学生听；可以由老师或学生现场朗读，也可以由几个学生事先排练然后分角色朗读。听完故事后，师生可以讨论故事笑点在哪里，然后齐读成语。

　　学生在自己练习讲故事的这个环节，可以复述书上的笑话故事，也可以用笑话故事中的成语创编故事。"开火车"口头填成语可以进一步巩固成语。课件上每五个故事提供一课"口头填成语"，供老师和家长抽查。学生只要能读熟并复述故事，做这个练习轻而易举，就不用专门练习。

看成语接力讲故事可以提高学生复述和创编故事的能力。为了便于学生自学、老师教学，整本书每一个故事的成语都配有课件。在课堂上，有的学生讲故事不按书中的情节，但总有学生能给故事编出一个圆满的结尾。感觉故事讲不下去时，就是学生最期待的时候。

特别指出："开火车""接力"可以方便老师快速检查学生的掌握情况。要落实每一个学生的达标情况，老师要在课堂上将"开火车""接力"检查和个别检查结合起来。在"开火车""接力"的检查过程中，全体成员都通过了的合作小组可以获得"免试"资格。这样能有效地促进小组成员之间的互帮互学。

通过一节课、一组笑话故事的学习，学生就能了解自学的方法，摸索出老师检查的规律，从而进行自学和小组合作学习。从第二单元的笑话故事开始，老师就不必总打开电脑，只需利用课件检查学生对故事的学习情况。

学习几个单元的笑话或一本书后，就安排一次"阶段书面运用竞赛"，即合作小组四个成员看着答案中的成语，在限定的时间内用老师给出的成语写句子或段落，一共能运用多少个成语，小组就能得到相应的分数。于是学生竞相应用，合作小组成员主动交流如何学以致用，以求自己的小组得到高分。

以上是我喜欢的，我的学生也习惯的"课内海量阅读"学习方法，我们一个多星期可以学完一本《成语笑话》。没有"海读"基础的班级可以一个单元、一个单元地慢慢学，用两到三个星期学完一本。

学习的流程也可以这样安排：

1. 预习。老师提前给合作小组排出"讲课表"，小组成员在课前演练如何"讲课"。可以轮流上台复述故事，可以全组成员分角色朗读，或者表演读……老师鼓励学生提前用大纸写好或在黑板上板书笑话中的成语和生疏的字词，便于边讲边指这个词，带领全班同学诵读。这些资料可以保存起来，留待"阶段书面运用竞赛"时用。

2.**讲述**。上课时，各小组派代表上台，采用不同的形式讲笑话。老师鼓励学生不仅要把这个笑话中出现的成语都用上，还要尽可能地增加成语。同时，要把"笑点"讲明白，还可以向台下学生提问，台下学生也可以质疑问难。

3.**自测**。学生看书自测某单元笑话中的"成语意思猜一猜""成语运用猜一猜"。

4.**强化**。把某单元笑话中有一定难度的"成语意思猜一猜"打乱顺序投映到屏幕上，进行强化练习。不喜欢经常打开多媒体的老师可以每周利用一节课进行集中强化练习。

5.**运用**。把当堂所学的成语排列在黑板或屏幕上，也可以看着书后面"参考答案"中的相关成语，让学生说几句或一段话，看看能用上其中多少个成语，并以小组为单位计分。

6.**阶段练习**。每学几组笑话或一本书，可以组织一次"阶段书面运用竞赛"。不论学习的速度快或慢，"阶段书面运用竞赛"都能促进互帮互学，还能促进阅读能力向写作能力的转化。

课堂上要挤出时间给学生展示和分享。学生可以创作图画让大家猜成语，可以找一找本组成语的同义或反义成语，还可以运用学过的成语写日记或合作写循环日记……

走在"海读"路上的日子里，总是期盼着孩子们笑着，读着，表演着，创造着……

韩兴娥

2024 年 11 月

上课流程

1 预习

2 讲述

3 自测

4 强化

5 运用

6 阶段练习

教无定法，希望师生共创有创意的学习流程

01

第一单元

第 1 篇
病人惊魂记

一个病人从手术室披头散（sàn）发地跑了出来，看她如此惊慌失措（cuò），老成持重的院长向她走去。

院长问病人："您能告诉我发生了什么事吗？"病人魂飞魄散地说："那位护士小姐说，'勇敢些，阑（lán）尾手术很简单'。"院长听完，笑着说："她说得没错，事实的（dí）确是这样啊！您用不着紧张。"

病人气急败坏地说："可是……护士小姐是对那位准备为我动手术的医生说的呀！"

1. ＿＿＿＿＿＿：上气不接下气，狼狈不堪。形容十分慌张、焦躁或恼怒。

2. ＿＿＿＿＿＿：头发长而散乱，未加整理。

3. ＿＿＿＿＿＿：形容惊恐万分，极端害怕。

4. ＿＿＿＿＿＿：形容人成熟老练，个性沉着稳重，处事不轻率浮躁。

5. _____：惊慌得不知如何是好。也形容因害怕慌张
而没有了办法。

成语运用
猜一猜

1. 同事们都说小陈是个_____的人，才会这么快就
升到经理的职位。

2. 弟弟闯祸了，爸爸_____地打了他几下屁股。

3. 马小跳摔坏了爸爸的相机，爸爸真想揍他，可看到他那
_____的样子，爸爸又下不去手了。

4. 他被这场大地震吓得_____，晕倒在地上。

5. 妹妹_____的样子，看起来很吓人。

成语万事通

什么是魂魄？

　　魂魄是指人的精神灵气，迷信的人相信，它可以依附于人
体，也可以脱离人体而存在。道教有"三魂七魄"之说，人死
之时也就是三魂七魄散尽之时。但是，如今科学尚无法证实人
的魂魄是否真的存在，是否可以离体或轮回。

　　与"魂魄"相关的成语有很多。我们常用"**魂飞魄散**"
来形容惊恐万分，想想连魂魄都飞散了，那是受到了何等的惊
吓。"**失魂落魄**"常用来形容人心神不定、惶恐不安的样子，
像丢失了魂魄似的。

第 2 篇
棺材里的人是谁？

陈先生是个**好吃懒做**、**不务正业**的人。后来，他生病死了。陈太太虽然平时对他**恨之入骨**，但毕竟是自己的丈夫死了，也不禁**潸（shān）然泪下**。

当她在灵前叩（kòu）谢前来上香的亲友时，听到一位朋友在念祭（jì）文，有一段竟是："君个性淳厚、**疾恶如仇**、**扶倾（qīng）济弱**，大家都很爱戴他。"

陈太太赶紧低声对儿子说："你快去看看，棺材里躺的是不是你爸爸。"

1. _____：憎恨邪恶的人或事如憎恨仇敌一般。

2. _____：指不从事正当的职业。也指不注重甚至丢下本职工作，而去搞其他无关的事情。

3. _____：形容因有所触动而情不自禁地流下眼泪。

4. _____：扶助境遇困难的人，救济弱小的人。

5. _____：贪图吃喝，懒得做事。指人只知享受，不勤勉做事。

6.＿＿＿＿＿＿＿：恨到了骨头里面。形容痛恨到了极点。

1. 这个男人整天游手好闲，＿＿＿＿＿＿＿＿＿，家人都对他的
   行为感到头痛。

2. 他从小就＿＿＿＿＿＿＿＿，长大后果然当了警察。

3. 妈妈说弟弟＿＿＿＿＿＿＿＿，从来不会帮忙做家务。

4. 他做尽坏事，大家都对他＿＿＿＿＿＿＿＿。

5. 爸爸教育我们要懂得＿＿＿＿＿＿＿＿，帮助他人。

6. 听到小姨病重的消息，我忍不住＿＿＿＿＿＿＿＿。

慎终追远的内涵

　　曾子说："慎终追远，民德归厚矣。""慎"是慎重，"终"是寿终、父母死亡，"追"指祭祀、怀念，"远"指祖先。这句话的意思是：认真办理父母亲的丧事，追怀、祭祀祖先，老百姓的品德就会淳朴敦厚。

　　中国是一个重礼的社会，亲人去世，家人遵照传统礼仪，为死去的亲人办理丧事，是"孝"的表现，也提醒后世要饮水思源，勿忘祖先。

第 3 篇

太慢了

蜗牛到朋友蜥蜴（xī yì）家里串门，正在他们开心地**谈天说地**时，怀孕的蜥蜴太太突然喊肚子痛，显然是快要生产了，蜗牛**自告奋勇**去请医生。

这件事**急如星火**，然而一个小时过去了，却还没看到医生。蜥蜴焦急地到门口张望，却发现蜗牛还在第二级台阶上。

"医生呢？"蜥蜴**暴跳如雷**。

蜗牛**横眉怒目**地说："如果你再对我大嚷（rǎng）大叫，我就不去了！"

成语意思
猜一猜

1. _____：自己主动要求担任某项工作。

2. _____：如流星的光那样急速，形容情势十分紧急。

3. _____：上至天文，下至地理，无所不谈。指漫无边际地闲谈，话题非常广泛。

4. _____：瞪大眼睛，耸起眉毛。形容人强横、凶狠、愤怒等的神情。

5. _____：急怒时一边叫一边乱跳，像打雷一样猛烈，发出巨大响声。形容又急又怒，大发脾气的样子。

成语运用
猜一猜

1. 他常常_____地对别人说话，我很不喜欢他。

2. 周末的晚上，我们一家人总是聚在一起_____。

3. 每次选举班长时，小明总是_____。

4. 他居然去老师那里打我的小报告，我知道后_____。

5. 听到姥姥出事了，妈妈_____地冲到了医院。

 成语 万事通

慢吞吞的蜗牛

"慢"是蜗牛行走的重要特征，所以我们常常用"蜗行牛步"来比喻行动迟缓，速度极慢。

蜗牛有两对触角，是它用来感觉外界环境的器官。没有触角的蜗牛就像无头的苍蝇，找不着方向，也找不到食物。但蜗牛的触角非常小，特别是下面那对小触角，如果不仔细观察还真的很难发现。因此成语中的"蜗角"也常常表达"小"的含义，如**"蜗角虚名"**指微不足道的虚名，**"蜗角蝇头"**指微不足道的小利，**"蜗角之争"**指因琐碎小事而引起的争斗。

第 **4** 篇

神奇吸尘器

一个自认为**能言善辩**的吸尘器推销员，来到新社区的一户人家。

他敲了敲门，女主人来应门。在女主人说话之前，他**一言不发**地跑进客厅，把马粪倒得满地毯都是。

然后，他开始**天花乱坠**地说吸尘器的神奇功能，最后对女主人说："女士，让我试给你看吧！如果这个神奇吸尘器没办法把马粪清除干净，我就把它们全吃了。"

女主人嗤（chī）之以鼻地说："可以呀！那你要不要加番茄酱（jiàng）呢？我们可是刚搬进来，还没电可以用呢！"

吸尘器推销员**大汗淋漓**（lín lí）："哎，**弄巧成拙**（zhuō）了！"

 成语意思
猜一猜

1._____：形容说话言辞巧妙，有声有色，非常动听。多指夸大而不切实际。

2._____：一句话都没说。

3._____：本想要弄聪明，结果却做了蠢事。

4. ＿＿＿＿＿＿＿＿：从鼻子里发出冷笑。表示不屑（xiè）、鄙（bǐ）视。

5. ＿＿＿＿＿＿＿＿：善用辞令辩论。

成语运用
猜一猜

1. 他是一个＿＿＿＿＿＿＿＿＿＿的律师，常常打赢官司。

2. 小英夸赞自己的成绩是全校第一，大家对她的说法＿＿＿＿＿＿＿＿，一点也不认同。

3. 哥哥这次考试考差了，他＿＿＿＿＿＿＿＿＿＿地坐在书桌前。

4. 妈妈常被推销员＿＿＿＿＿＿＿＿的话吸引，掏钱购买了很多不实用的产品。

5. 成功没有捷径（jié jìng），想不劳而获就会＿＿＿＿＿＿＿＿。

成语万事通

弄巧成拙

北宋画家孙知微画了一幅《九曜（yào）图》。当他画到只剩下着色这最后一道工序时，恰好有朋友来访，他放下笔，吩咐弟子们着色。有一个喜欢耍小聪明的弟子看画中童子手中的水晶瓶空着，便在瓶口画了一枝红莲花。孙知微回来一看，又气又笑地说："童子手中的瓶子，是水曜星君用来降服水怪的镇妖瓶，添上莲花岂不成了天大笑话。"

第 5 篇

食人族的菜单

在一架豪华客机上，**不苟（gǒu）言笑**的食人族国王也是乘客之一。乘务员**彬彬有礼**地询问："先生，您午餐吃什么？牛排好吗？"

国王面无表情地摇摇头。

乘务员**和颜悦色**地再问："鸡排好吗？"

国王仍然**不置（zhì）可否**。

乘务员**不厌其烦**地再问："先生，您究竟想吃什么？"

国王**不动声色**地说："请拿旅客名单来给我看看！"

乘务员一听**面如死灰**，**心惊胆战**地瞅了一眼**大腹便（pián）便**的食人族国王，半天说不出话来。

 成语意思
猜一猜

1. ＿＿＿＿＿＿：脸色如死灰一般。形容因沮丧、病痛、惊惧等而面色灰暗。

2. ＿＿＿＿＿＿：和蔼（ǎi）的脸色，喜悦的表情。形容态度和蔼可亲。

3.＿＿＿＿＿＿＿：肚子肥大的样子。

4.＿＿＿＿＿＿＿：不随便说笑。通常用来形容人一板一眼，
　　　　　　　　　　严肃而不易亲近。

5.＿＿＿＿＿＿＿：形容文雅而有礼貌。

6.＿＿＿＿＿＿＿：既不说行，也不说不行。指不明确表态。

7.＿＿＿＿＿＿＿：不嫌麻烦。

8.＿＿＿＿＿＿＿：形容极其惊慌害怕。

9.＿＿＿＿＿＿＿：不让感情、想法从说话声音、语气和脸色
　　　　　　　　　　上流露出来。多形容态度镇定。

1. 爷爷总是＿＿＿＿＿＿＿＿＿，大家都不敢亲近他。

2. 看到车祸现场的惨状后，他＿＿＿＿＿＿＿地愣在原地。

3. 每次弟弟犯错，妈妈总是＿＿＿＿＿＿＿地跟他说道理。

4. 汶川大地震后，余震不断，当地的居民都＿＿＿＿＿＿＿。

5. 这个＿＿＿＿＿＿＿的男人特别贪吃。

6. 这道题，他总是不懂，老师＿＿＿＿＿＿＿地讲给他听，
　　他终于弄懂了。

7. 他对人总是＿＿＿＿＿＿＿，笑脸相迎。

8. 看到小偷在偷东西，爷爷＿＿＿＿＿＿＿地报了警。

9. 他＿＿＿＿＿＿＿地一笑，转身走了，我们都不知怎么办
　　才好了。

第 6 篇
俄罗斯工人

从前，有个美国人约翰（hàn）到俄罗斯观光。

有一天，他在俄罗斯的道路上，看到一个俄罗斯工人拿把铲子在道路旁挖洞，每3米就挖一个洞；另外一个工人却跟着把前一个工人刚挖好的洞马上回填起来，如此反复不停地持续着……

约翰绞（jiǎo）**尽脑汁**也想不明白，便问第一个工人："为什么你一挖好洞，后面那位仁兄就**刻不容缓**（huǎn）地把洞给填补起来？"

第一个工人**一本正经**地回答说："我们是在绿化道路，我挖洞，第二个种树，第三个填土。今天，第二个人请假没来。"

约翰觉得俄罗斯工人的工作方式真是**匪**（fěi）**夷所思**呀！

 成语意思
猜一猜

1.＿＿＿＿＿＿：形容情势十分紧迫，一刻也不容耽搁（dān ge）。

2.＿＿＿＿＿＿：形容人态度庄重认真。

3. _____：形容苦思极虑，费尽脑筋，想尽办法。

4. _____：指言谈行动离奇古怪，不是一般人根据常理所能想象的。

成语运用
猜一猜

1. 姐姐_____，也没有想出问题的答案。

2. 失火时，给消防救援局打电话是_____的事。

3. 这件事实在太离谱，简直_____!

4. 哥哥常常_____地告诉大家，他总有一天要出人头地。

成语 万事通

为什么用刻来表示时间？

　　古代用漏壶（lòu hú）来计量时间。漏壶是最古老的计时器。根据史书记载，周代就有漏壶了。初期的漏壶只有一只壶，人们在壶中装上有刻度的木箭。当水从壶底小孔漏出时，木箭会下沉。根据水下降到箭的哪一个刻度，便知道具体时间了。所以如"刻不容缓""一刻千金"等包含"刻"字的成语都跟时间有关。

第 7 篇
长寿的龙

一只小海龟**自由自在**地在海中游泳，在水面碰到一个**见所未见**的东西，感觉十分新奇，便上前问："你是什么东西？"这个东西回答说："我是龙！"说完就漂走了。

日月如梭（suō），经过了一百年，小海龟已经成了大海龟。有一天，在海面上，他又碰到了这一百年前遇见的老朋友，让他惊奇的是：自己从小海龟变成了大海龟，可是这条龙的形体却**依然如故**！

海龟**黯**（àn）**然神伤**，说："世界上最长寿的动物不是我吗？没想到还有更厉害的角色。"

他**心神不定**地问："你到底是什么龙啊？为何都不会改变，也不会衰（shuāi）老？"

"哦！我是保丽龙（保丽龙一般指泡沫塑料）！"

1._____：形容因失意、沮丧而伤感。

2._____：仍旧和从前一样，指情况依旧，没有任何变化。

3. _____：日月快速交替运行。形容时光消逝得很快。

4. _____：心神无法专注，不安定。

5. _____：见到了没有碰到过的事物。形容事物新奇、罕（hǎn）见。

6. _____：形容没有拘束，十分安闲舒适。

成语运用 猜一猜

1. 虽然经过了 100 年，村落的景物却_____。

2. 爷爷回乡下探亲，他感叹_____，人事已非。

3. 在南京雨花石博物馆，有许多_____的雨花石。

4. 他_____地说："我这次又考砸了。"

5. 小鸟在天空中_____地飞翔。

6. 听到奶奶生病住院的消息后，他一直一副_____的样子。

成语 万事通

乌龟的寿命

乌龟心跳比人慢，新陈代谢也较迟缓，所以它的寿命很长。一般而言，乌龟的寿命都超过百年，有的能活三百年以上，甚至超过千年。

由于乌龟长寿，因此，"龟年鹤寿""龟龄鹤算"都是比喻人长寿的成语，常常用作祝寿之词。

第 8 篇

大象，别动粗

　　狮子在草原上遇到一匹斑马，狮子为了让斑马知道它的厉害，就向斑马大吼："斑马！谁是万兽之王？"斑马**卑躬屈膝**（bēi gōng qū xī）地回答："大王，您就是万兽之王！"狮子听后**得意扬扬**地走开了。

　　不久，它又遇到一只猴子，为了让猴子知道它的地位，就向猴子大吼："猴子，谁是万兽之王？"猴子**毕恭毕敬**地回答："大王，您就是万兽之王！"狮子听了，**心满意足**地走开了。

　　后来，狮子遇到一只大象，为了让大象知道它是万兽之王，就向大象大吼："笨象，谁是万兽之王？"大象转过身，用长鼻子卷起狮子，用力把狮子抛向远方，狮子被撞得**鼻青脸肿**。狮子从地上爬起来，犹如**惊弓之鸟**，它对大象说："你不知道答案就算了，何必动粗呢！"

成语意思
猜一猜

1. ＿＿＿＿＿＿＿＿：形容极为恭敬。

2. ＿＿＿＿＿＿＿＿：低身下跪去奉承别人。形容人没有骨气，
　　　　　　　　　谄媚（chǎn mèi）奉承。

3._____：形容因跌打、磕（kē）碰而造成面部伤势
　　　　　　　　很重。

4._____：比喻人受过打击或惊吓，心有余悸（jì），
　　　　　　　　稍有动静就害怕。

5._____：形容十分得意的样子。

成语运用
猜一猜

1. 他被人打得_____。

2. 大家看见领导都表现出_____的样子。

3. 哥哥被选为班长，就_____地唱起歌来。

4. 在上司面前，属下不能_____，无论何时何地都
　要保持做人的尊严。

5. 只要我好好学习，妈妈就感到_____。

6. 自从出了车祸，他就像_____，不敢一个人过马路。

成语万事通

惊弓之鸟

　　惊弓之鸟出自《战国策》。据载，战国时期魏国的射箭能
手更羸（léi），一次与魏王出行，不用箭，仅拉空弦就使一只
大雁掉落。原来更羸通过观察发现，这只大雁曾受过伤，伤口
还没有愈合，惊恐的心理还没有消失，所以听到弓响声便奋力
向上飞，引起旧伤迸（bèng）裂，于是跌落下来。

第 **9** 篇

只买小西瓜

一个**天高气爽**的日子，一名**聪明伶俐**的小女孩跟随父母到农场玩，她一个人来到西瓜园，**怡（yí）然自得**，玩得很开心。

望着令人**垂涎（xián）三尺**的西瓜，小女孩问园主："叔叔，这个大西瓜要多少钱？"园主回答："小朋友，要 20 元。"小女孩说："可是我只有 5 元。"

园主随手指向一个很小的西瓜说："小朋友，5 元只能买到这样小的西瓜。"没想到，小女孩猛然点头，并给园主 5 元钱，说："叔叔，没问题，我就买这个小西瓜。"

园主感到疑惑，小女孩却**出人意料**地说："叔叔，先不要把它摘下，我下个月再回来拿。"

1.＿＿＿＿＿＿：形容高兴而满足的样子。

2.＿＿＿＿＿＿：口水流下来三尺长。形容嘴馋（chán）想吃。也形容见了别人的好东西眼红而想得到的丑态。

3.＿＿＿＿＿＿：天空晴朗，气候清爽。

4. _____：形容人聪明机灵。

1. 小云是个_____的小姑娘，大家都喜欢她。

2. 回到乡下后，奶奶就过着_____的日子。

3. 在这_____的日子里，我们一起去骑自行车。

4. 鲜红的荔（lì）枝十分诱人，令人_____。

5. 天气预报说今天有大雨，结果_____的是个大晴天。

西瓜知多少

西瓜堪称"盛夏之王"，含有丰富的维生素C、胡萝卜素等营养物质，甘甜可口，生津止渴，是清热解暑的利器。

西瓜虽然招人喜爱，可是千万不要在瓜田弯腰整理鞋带哦，否则就有"瓜田李下"之嫌。另外西瓜性寒，含有大量的水分和糖分，因此脾胃虚寒、肾功能不全、糖尿病患者要少吃甚至不吃，切不要贪一时之快啊！

做人也千万不要拎（līn）不清，捡了芝麻，丢了西瓜，就会因小失大，得不偿失呀。

第 10 篇

触　电

有一天，一个病人去医院看病，因为他的手骨折了，让他**痛入骨髓**（suǐ）。

医师**按部就班**地问："你的手是怎么受伤的呢？"

病人**泪如雨下**地说："今天我走在路上，走着走着，鞋子里有小石头跑进去了，我觉得很难受，想把石头弄出来。恰好旁边有一根电线杆，我用手撑在电线杆上，不停地抖着脚，希望把石头抖出来。"

医生再问："然后呢？"

病人说："真是**无巧不成书**！我的同事正好经过，他以为我触电了，便找了一根木棒，朝我的手打下去。"

成语意思
猜一猜

1. ＿＿＿＿＿＿：哭得非常伤心，泪水如同下雨一般。形容十分伤心。

2. ＿＿＿＿＿＿：痛楚深入到骨髓里。形容极其疼痛。

3. ＿＿＿＿＿＿：事情发生得非常凑巧。

4. _____：多指做事按照一定的步骤、顺序进行。也指按老规矩办事，缺乏创新精神。

1. 我刚念叨你的名字，你就来了，真是_____！
2. 弟弟被人冤枉是小偷，他委屈得_____。
3. 我_____地把机械（xiè）模型车组装完成。
4. 妈妈说她生我的时候，简直让她_____。

无巧不成书

　　无巧不成书源自施耐庵（ān）。相传，施耐庵在写景阳冈武松打虎这回书时，总是不尽如人意。正当他十分苦闷时，书房外传来一阵吵闹声。施耐庵到门外一看，原来是邻居阿巧正和一条狗在恶斗。阿巧喝醉了酒，袒（tǎn）胸露背，对狗拳打脚踢；狗也不示弱，冲着阿巧乱叫乱咬。忽然，狗朝阿巧一扑，阿巧闪身一让，顺势骑在狗背上一阵狠打，那条狗顿时动弹不得。施耐庵看呆了，眼前闪现武松与虎搏斗的身影，刹那间，文如泉涌，他赶紧回到书房，一口气写下了名传千古的武松打虎。他把这件事告诉妻子，妻子笑着说："真是**无巧不成书**啊！"

02

第二单元

第 11 篇
寻狗启事

老张带着形影不离的爱犬出国旅游。

在一个小镇上，他的爱犬突然失踪了，**当务之急**是如何找回爱犬。他急忙找到当地一家报社，要求刊登一则寻犬启事，并说谁能为他找到爱犬，将获得 1 万美元的酬（chóu）劳。

老张一直等到晚上，还不见晚报出版。他**心急如焚**（fén）地跑到报社去问，只有一个守门的老伯伯在那里。老张问："难道今天不出晚报吗？"

"是的，先生。"老伯伯说。

"为什么？"老张惊讶地问。

"因为所有的编辑（biān jí）都**全力以赴**（fù）地上街找狗去了。"

1._____：心里急得像着了火一样。形容非常着急。

2. _____：形容关系亲密，无时无处不在一起。

3. _____：投入全部的心力。

1. 马上就要进行跳绳比赛了，_____是加强训练。

2. 为了赢得比赛的胜利，我一定会_____。

3. 过了放学时间，小明还没有回到家，妈妈紧张地站在门口左顾右盼，_____。

4. 我和小英总是_____，因为我们是最要好的朋友。

成语也心"急"

含"急"的成语真多啊！

现代社会人们的生活节奏很快，一些人争分夺秒"急功近利""急于求成"，常常为一些小事就"气急败坏""心急如焚"。要知道，有时候越是着急越是适得其反。因此，哪怕是"十万火急"，"当务之急"也应分清"轻重缓急"，切勿"操之过急""病急乱投医"，最好能"急中生智"，让困难的形势"急转直下"，解决"燃眉之急"。

第 12 篇

日 行 一 善

有一天，小明放学跑回家，一进家门，就**上气不接下气**地跟妈妈说："妈，快……快给我 1 元钱，外面有一个**老态龙钟**的伯伯叫得好惨啊！"

妈妈心想：这孩子真懂事，这么小就会**怜贫恤**（xù）**老**，于是**眉欢眼笑**地拿出 1 元钱给他，鼓励他**急人之困**，并问他说："老伯伯在叫什么呀？"

小明说："他一直叫棉花糖一个 1 元钱！"

成语意思
猜一猜

1.＿＿＿＿＿＿：眉头舒展，眼含笑意。形容愉悦欣喜的神情。

2.＿＿＿＿＿＿：形容年老体衰，行动不灵便。

3.＿＿＿＿＿＿：热心卖力地帮别人解决困难。

4.＿＿＿＿＿＿：形容因劳累或焦急而气喘得很厉害。

5.＿＿＿＿＿＿：怜悯（mǐn）穷人，体恤老人。

成语运用
猜一猜

1. 妈妈＿＿＿＿＿＿＿＿＿＿，常送衣物到老人院。

2. 哥哥从一楼跑到五楼，＿＿＿＿＿＿＿＿＿地说："后面有一个人在跟踪我！"

3. 叔叔快要结婚了，他每天都＿＿＿＿＿＿＿＿的。

4. 爸爸拿出一笔钱，说是要＿＿＿＿＿＿＿＿，资助失学儿童。

5. ＿＿＿＿＿＿＿＿的李奶奶站在家门口等她的孙子。

成语万事通

什么是"龙钟"？

"龙钟"是古代的一个叠韵形容词（"龙"与"钟"的韵母相同，都是 ong，所以称叠韵），叠韵词的两个字合成一个整体意义，不能分开解释。

古人以"龙钟"形容身体衰弱。它的来源有不同的解释：有的说"龙钟"是一种竹子的名称，"老人如竹摇曳，不能自持"，所以称**"老态龙钟"**；有的说"龙钟"是一种石头的名称，"老人体重如石之笨累"，所以称**"老态龙钟"**。

第 13 篇

品学兼"忧"

　　小明的成绩一向很差，某天放学后，他**兴致勃勃**地回家告诉妈妈："妈妈，今天老师发成绩单了！"

　　妈妈**忐忑**（tǎn tè）**不安**地问："老师给你什么评语呀？"

　　小明**欢天喜地**地说："老师给我的评语是**品学兼优**。"

　　妈妈一听，心想神明保佑（yòu），小明终于**茅塞顿开**，她总算对得起祖宗了！

　　没多久，小明拿着成绩单跑到妈妈身边，说："真好笑啊！老师也会写错字！竟然把'品学兼优'写成了'品学兼忧'！"

 成语意思
猜一猜

1. _____：品行和学业都很优良。

2. _____：形容兴头很足。

3. _____：心绪起伏不定的样子。

 **成语运用**
猜一猜

1. 弟弟每天都＿＿＿＿＿＿＿＿地说："我要去游乐城玩！"

2. 经过老师的讲解，我终于＿＿＿＿＿＿＿＿，知道了解题的方法。

3. 哥哥是今年的高考状元，爸爸妈妈＿＿＿＿＿＿＿＿地把这个好消息告知了亲朋好友。

4. 哥哥打破了花瓶，＿＿＿＿＿＿＿＿地走来走去。

5. 小杰是一个＿＿＿＿＿＿＿＿的学生，老师很喜欢他。

 成语 万事通

"茅塞" 是什么？

"茅塞"这个词语是孟子说的。孟子认为一个人做学问，就像走山间的小路，常常走动，小路就会变成大路。但是如果隔一段时间没有去走，茅草就会阻塞山路。

"茅塞子之心"是指学生的心已经被茅草塞住了，后来"茅塞"一语就用来比喻闭塞的心思，也可以指心中的疑惑。"顿开"的意思是豁然了悟。人往往因为受了指点，闭塞的心思突然间开通了。所以"茅塞顿开"是用来比喻闭塞的心思豁然了悟。

第 14 篇
忠心耿（gěng）耿

老王到宠物店，想买一只小狗。

他跟老板**讨价还价**，好不容易讲定价钱，他抱着小狗正要离开，忽然想到一个问题，急忙回头问老板："这只狗有什么**一技之长**？"

老板说："这只狗最大的本领就是对主人**忠心耿耿**！"

老王问："怎样可以证明？"

老板**一本正经**地说："之前我一共把它卖出去 4 次，它都自己跑回来了呢！"

 成语意思
猜一猜

1. _____：具有某种技能或专长。

2. _____：买卖时，卖方索价，买方还价，以达到各自的理想价钱。

3. _____：形容极其忠诚。

 成语运用
猜一猜

1. 他是一个_____的仆人，主人很信任他。

2. 妈妈常跟肉贩（fàn）_____，节省家中的开支。

3. 游泳是我的强项，凭借这_____，我常常为班级争得荣誉。

4. 班长_____地告诉同学们："作弊（bì）是可耻的行为！"

 成语 万事通

印度灵犬救主

2004 年，南亚大海啸发生时，印度南部的男孩迪纳卡兰被家中的黄狗救了一命。

海啸来临时，迪纳卡兰的母亲桑吉塔只能抓住两个年幼儿子的手，拼命向高处奔跑，并希望自己最大的孩子——17 岁的迪纳卡兰也能跟着她一起逃出险境。但迪纳卡兰并没有跟上母亲，而是向他认为最安全的地方——离海岸只有大约 40 米的一个小棚屋跑去。危急关头，家中养的黄狗毅然转头去追小主人。它一路咬着小主人的衣服，间或用鼻子拱着小主人，硬是把他拽（zhuài）回了附近高处的安全地区，让迪纳卡兰逃过了一劫。

第 15 篇

父亲的生日

8月8日是晶晶爸爸的生日。多年来，晶晶只记得妈妈的生日要帮妈妈庆祝，却总把爸爸的生日忘到**九霄（xiāo）云外**。所以每年的生日，爸爸总是**愁眉锁眼**的。

今年8月8日，爸爸坐在餐桌前和家人用餐时，晶晶突然往冰箱走去，当她打开冰箱时，**轻描淡写**地问："爸爸，你知道今天是几月几日吗？"

爸爸一听**大喜过望**，想着晶晶可能要给他一个惊喜，**欢天喜地**地回答："今天是8月8日。"

没想到晶晶**大失所望**地说："唉，牛奶过期了！"

 成语意思 猜一猜

1. ＿＿＿＿＿＿＿：因结果超过原本预期而感到特别高兴。

2. ＿＿＿＿＿＿＿：原来的希望完全落空。指非常失望。

3. ＿＿＿＿＿＿＿：着（zhuó）力不多的描写或叙述。形容谈
　　　　　　　　　问题时把重要问题轻轻带过。

4. ＿＿＿＿＿＿＿：形容无限远的地方或远得无影无踪。

5. ＿＿＿＿＿＿＿：由于忧愁而双眉紧锁。形容非常苦恼的样子。

成语运用
猜一猜

1. 爷爷_____地说着自己年轻时奋斗的过程。

2. 阿姨生下宝宝的那一天,全家人都_____地到医院看她。

3. 妈妈没有抽中特等奖,她_____地走回家。

4. 放学后,小宝只顾和小伙伴们在公园玩耍,早就把作业忘到了_____。

5. 一想到妈妈看到他不及格的卷子后_____的样子,小明就坐立不安。

6. 没想到这次考试考了 100 分,这让他_____。

成语万事通

"愁"的二三事

描述"愁"的时候,我们常常会联想到身体的某一器官。

不自觉地皱起眉头一定是有忧愁的事发生。于是便有成语"愁眉不展""愁眉锁眼",还有"愁眉苦脸"。

肠子都打结了这是多么愁啊,愁到"愁肠九转""愁肠百结"甚至"愁肠寸断"。

第 16 篇
在哪高就？

小王和小张十年不见，某日在路上**不期而遇**。

小张问小王："你现在在哪里工作？"小王说："我现在在一家大医院工作。"

小张又问："你担任什么职务？"小王说："我的工作跟**各科休戚（qī）相关**，因为各科治不好的病人，都由我负责。"

小张对小王**敬若神明**。他说："你终于**得偿所愿**，成为能医治百病的医生！"小王**一笑置之**，没有回答。

第二天，小张去医院找小王吃午饭，一进门口，只听到一位护士叫着："小王，急诊室有两个病人抢救无效，等你推到太平间去。"

1. ＿＿＿＿＿＿：按所希望的那样得到满足。指愿望实现。

2. ＿＿＿＿＿＿：未经约定而相遇。

3. ＿＿＿＿＿＿：像敬重神那样敬重对方。形容对人十分尊重。

4. ＿＿＿＿＿＿：指笑一笑就把它搁放在一旁。形容不当一回事。

5.＿＿＿＿＿＿＿＿＿：形容彼此间祸福互相关联。

1. 当别人称赞他时，他总是＿＿＿＿＿＿＿＿＿，不骄不躁。

2. 这次考试和升学是＿＿＿＿＿＿＿＿＿的，我一定要把握好。

3. 哥哥是学校篮球队头号主力，同学都对他＿＿＿＿＿＿＿＿＿。

4. 我和幼儿园同学竟然在公园里＿＿＿＿＿＿＿＿＿。

5. 今年，姐姐＿＿＿＿＿＿＿＿＿，成为一名人民教师。

不忘本的晋悼公

春秋时期，晋国国君晋悼（dào）公姬（jī）周，年轻时因受到晋厉公的排挤，只好客居周地洛阳，在周朝世卿单（shàn）襄公手下做事。

姬周虽身在周地，可当他听说自己的祖国晋国有什么灾难时就忧心忡忡，听说晋国有什么喜庆的事情时就非常高兴。单襄公认为他将自己与晋国**休戚相关**，是不忘本的表现，将来一定大有前途。果然，不久晋国发生内乱，晋国大夫就派人把姬周接了回去，让他做了晋国的国君。

第 17 篇
坟场惊魂记

在一个**月黑风高**的晚上，小杰想抄近路，于是穿越一片小坟场。

突然，他听见持续不断的敲击声。虽然有点**心惊胆战**，可是为了赶快回家，他仍然**勇往直前**。

越往前走，敲击声越响，小杰感到**惶**（huáng）**恐不安**。忽然，他看见一个人在凿（záo）石碑。

小杰放下心来，对那人说："**谢天谢地**！你可把我吓坏了，你为什么在深夜里刻墓（mù）碑呀？"

那人幽幽地说："因为……他们把我的名字刻错了。"

 成语意思
猜一猜

1. ＿＿＿＿＿＿：表示感激或庆幸。

2. ＿＿＿＿＿＿：奋勇前进，无所畏惧。

3. ＿＿＿＿＿＿：惊慌恐惧得不能安宁，心神不定。

4. ＿＿＿＿＿＿：没有月光，风也很大的夜晚。比喻险恶的环境。

 **成语运用 猜一猜**

1. 不管路途有多艰辛，他仍然＿＿＿＿＿＿＿地追求梦想。

2. 小齐全身脏兮（xī）兮的，他＿＿＿＿＿＿＿地看着生气的妈妈。

3. 走进"鬼屋"，大家都＿＿＿＿＿＿＿，害怕鬼会跑出来。

4. 今晚＿＿＿＿＿＿＿，伸手不见五指，马小跳走在马路上怕得要死。

5. 强烈台风过后，妈妈对着上天说："＿＿＿＿＿＿＿！大家都很平安。"

 成语 万事通

如何表达心中的"惶恐"

当遇到害怕的事情时，我们会"**心神不宁**"（心情不平静），如果这种害怕不能及时消除，在心中郁结，我们就会"**坐立不安**"（坐着也不是，站着也不是）甚至"**寝食难安**"（睡不好觉，吃不好饭）了。

我们会为可能发生的危险"**提心吊胆**"；当危险来临时，甚至只是远远望了那么一眼就感到害怕（"**望而生畏**"）；当恐怖的情景就在眼前时，汗毛立刻竖了起来，连脊梁骨都感到阵阵寒意［"**毛骨悚（sǒng）然**"］。

第 18 篇

乞丐（qǐ gài）与吝啬（lìn sè）鬼

一个乞丐来到一个吝啬鬼家里乞讨。

乞丐**摇尾乞怜**，赔着笑脸说："好心人！**大发慈悲**！请给我一块肥肉、乳酪（lào）或奶油吧。"

吝啬鬼**置若罔**（wǎng）**闻**，不耐烦地说："没有！"

可怜的乞丐捂着饿扁了的肚子苦苦哀求："面包屑也行。"

吝啬鬼**漠然置之**，冷冷地说："也没有。"

乞丐哭丧着脸说："那就给一口水喝吧！"

吝啬鬼**面不改色**，竟然说："我们家连水也没有！"

乞丐**勃然大怒**，说："那你为什么还坐在那里？快！跟我一起要饭去！"

1. ＿＿＿＿＿＿＿：形容对人表现慈爱或怜悯（mǐn）之情。

2. ＿＿＿＿＿＿＿：不改变脸色。

3. ＿＿＿＿＿＿＿：突然变脸大发脾气。

4. ＿＿＿＿＿＿＿：像狗那样摇着尾巴，乞求主人爱怜。指卑躬屈膝地献媚、讨好，以求得到一点好处。

5. ＿＿＿＿＿＿＿：放在一边，好像没有听见似的。形容不重
视，不关心。

6. ＿＿＿＿＿＿＿：很冷淡地把它搁在一边。指对人或事态度冷淡。

成语运用
猜一猜

1. 他的谎言被戳（chuō）穿了，竟然＿＿＿＿＿＿＿＿，脸皮
真是太厚了。

2. 有的学校为了让学生取得高分数，对教育部门三番五次要
求减轻学生课业负担的规定＿＿＿＿＿＿＿＿。

3. 这个有钱人终于＿＿＿＿＿＿＿＿，捐钱救助山区贫苦孩子。

4. 不要像奴才那样＿＿＿＿＿＿＿＿，做人一定要有尊严。

5. 明星出场了，但对观众的欢呼＿＿＿＿＿＿＿＿，令大家十
分扫兴。

6. 我的考试成绩很差，爸爸＿＿＿＿＿＿＿＿，差点揍我。

成语万事通

"置若罔闻"与"漠然置之"

"置若罔闻"和"漠然置之"都含有"不放在心上"的意
思。但"置若罔闻"指对批评、劝告、请求、抗议等不予理睬；
"漠然置之"表示对人或事物态度冷淡。

第 19 篇

治疗放屁

　　有位女士去找医生："医生，最近我总是不停地放屁，真是**不堪（kān）其扰**。虽然我的屁不臭，也不响，但是您知道吗？从刚才到现在，我至少放了 20 个屁。为了避免**夜长梦多**，请您帮我治疗吧！"

　　医生说："我知道了，把这些药拿回家吃，下个礼拜再来。"

　　之后，女士又来看医生，医生还没问诊，她就**急不可耐**地说："医师，你到底给我吃了什么药？为什么我的屁还是放个不停，而且**臭不可闻**？"

　　医生**笑容满面**地说："很好！你的鼻塞（bí sè）已经治好了，现在要治你的重（zhòng）听（指听觉迟钝）。"

　　这位女士一下红了脸，**无地自容**！

 成语意思
猜一猜

1. _____：神情愉悦，充满笑容。

2. _____：无法忍受那样的骚（sāo）扰。

3. _____：比喻时间拖长了，可能发生不利的变化。

4. _____：急得不能再等，形容十分急切。

5. _____：臭得使人受不了。比喻人名声极坏。

成语运用
猜一猜

1. 最近哥哥结交了许多坏朋友，为了避免_____，
妈妈赶紧把他送到了外地念书。

2. 阿姨_____地告诉大家，她要结婚了。

3. 今天是我的生日，妈妈做了许多美味佳肴（yáo），我一放学
就_____地往家跑。

4. 小区里新开了一家音像店，音乐声震耳欲聋，小区的居民
_____。

5. 他坏事做尽，已经_____。

6. 如果小偷当场被抓，也会觉得_____吧！

成语万事通

"不通"的是什么？

　　放屁是为了排除食物消化过程中产生的气体，是肠道正常运行的一种表现。不只是人，大多数动物也都会放屁。但我们常用**"狗屁不通"**来形容一个人说话或写文章极不通顺，那么"不通"的到底是什么？"狗屁不通"原是"狗皮不通"。狗的表皮没有汗腺，所以是不通的，狗靠舌头来散热。

第 20 篇

谁要救命？

有一天，警察局接到一个电话，"先生！救命！快点救命！"听声音给人一种岌（jí）岌可危的感觉。

"有一只猫**大摇大摆**地爬进了我的家里！"

"女士！有一只猫爬进来应该不是很大的问题！"

"不行！不行！这只猫很危险！猫很危险！"

"女士！猫真的不危险……"

电话那头有些**气急败坏**地说："先生！你是警察，我打电话给你，你就要来救我，否则你会**后悔莫及**！"

"女士，你到底是谁？"

"我是鹦鹉（yīng wǔ）！我是鹦鹉！"

成语意思
猜一猜

1._____：上气不接下气，狼狈不堪。形容十分慌张、焦躁或愤怒。

2._____：事后懊（ào）悔已经来不及了。表示事情无法挽回。

3._____：形容非常危险，快要倾覆（fù）或灭亡。

4. _____：形容走路挺神气，满不在乎的样子。

成语运用
猜一猜

1. 七爷八爷_____地在街道上行走，大家都来看热闹。

2. 叔叔这次_____，要马上做手术，全家人都很担心。

3. 失去这次比赛的机会，他_____地哭了。

4. 弟弟_____地对我说："那道题我做了两个小时，还是解不出来，简直气死我了。"

成语万事通

鹦鹉学舌

　　鹦鹉为什么会说话？有人认为是人发出的声音和鹦鹉的声音相似，所以它们模仿人类的语言比较容易。也有人认为：鹦鹉有厚而多肉的舌头，发达的舌根，气管下方还有三对喉肌，因此鹦鹉的发声器官比其他鸟类灵活，所以擅长模仿人类的声音。

　　生物学家认为，鹦鹉虽然能说话，但是根本不知道它们话中的意思。因此，"鹦鹉学舌"就成了那些人家怎么说，他就跟着怎么说，丝毫没有主见的人的指代了。

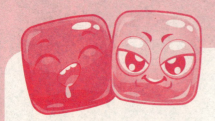

03

第三单元

第 21 篇

是谁要下水?

　　小李刚结婚不久。一天,他老婆正在厨房**手忙脚乱**地准备晚餐。小李想帮老婆做点家务活,就对他老婆说:"老婆,我能帮忙吗?"

　　小李老婆说:"看你**笨手笨脚**的,就剥(bāo)洋葱好了。"小李心想:"这个再简单不过了。"

　　可是刚剥不久,小李就被洋葱呛(qiàng)得**涕**(tì)**泪交流**,但又不想被老婆看不起,只好打电话向**有求必应**(yìng)的妈妈讨救兵。

　　妈妈说:"这很容易,你在水中剥不就得了。"

　　于是小李按照妈妈的方法,**如释**(shì)**重负**地完成了老婆交给的任务。

　　隔(gé)天,小李打电话给妈妈说:"妈妈,你的方法真不赖(lài),**美中不足**的就是我要常常换气,好累人啊!"

 **成语意思**
猜一猜

1.＿＿＿＿＿＿:形容动作不灵活或手脚不灵巧。

2.＿＿＿＿＿＿:形容解除负担或摆脱困扰后轻松愉快的心情。

3. _____：鼻涕眼泪同时流下。形容悲痛。

4. _____：凡有所请求，必能如愿。

1. 她做事非常细心，_____的是动作有点慢。

2. 完成这项手工作品，她_____地笑了。

3. 妈妈平时对弟弟是_____，但是这一次，她坚决
   不答应弟弟去露营。

4. 第一次包饺子，我和弟弟_____，包出一盘歪七
   扭八的饺子。

5. 妈妈喜欢看电视剧，每次都被感动得_____。

6. 刚刚学会走路的小明，在客厅里摇摇晃晃地走来走去，看着
   他_____的样子，大家都笑了。

成语中的"手脚"

　　既有手又有脚的成语真不少。做事粗心、不细致，是"**毛
手毛脚**"；做事胆小，顾虑多，不敢放手，是"**缩手缩脚**"；影
响他人做事，是"**碍手碍脚**"；毫不珍惜财物，没有节制地随
便花费，是"**大手大脚**"。

第 22 篇

蚊子提灯笼

有一天，晶晶和弟弟到乡下奶奶家去玩。

玩了一整天，**昏昏欲睡**的弟弟看到了许多蚊子，他对晶晶说："姐姐，这里蚊子这么多，怎么办？我们会被叮得惨（cǎn）**不忍睹（dǔ）**的。"

晶晶**毫不在意**地说："把灯关了，蚊子就看不见我们了。"于是弟弟跑去把灯关掉，房间变成**一团漆（qī）黑**。

这时，从窗外飞进来几只萤（yíng）火虫，晶晶大声地说："糟啦！**诡（guǐ）计多端**的蚊子提着灯笼要来叮我们啦！"

 成语意思
猜一猜

1. ＿＿＿＿＿＿：鬼点子或坏主意很多。

2. ＿＿＿＿＿＿：精神恍惚（huǎng hū），很想睡觉。形容非常疲累。

3. ＿＿＿＿＿＿：形容非常黑暗，没有一点光线。

4. ＿＿＿＿＿＿：丝毫不在意。

5. ＿＿＿＿＿＿：形容情况凄惨，令人不忍目睹。

成语运用 猜一猜

1. 山洞里_____，让人感到害怕。

2. 哥哥对考试成绩_____，让妈妈很烦恼。

3. 马路上出了车祸，现场_____。

4. 天气太热了，全班同学上课都_____的。

5. _____的姐姐，这次又成功地说服妈妈给她买新衣服了。

成语 万事通

会发光的萤火虫

你知道吗？萤火虫发光是为了谈恋爱呢！雌、雄萤火虫用闪光信号来查找彼此的身份。当发着强烈求偶信号的雄虫找到心仪的雌虫，雌虫也满意雄虫时，它们就会进行交配。

萤火虫一生都是闪亮的明星。但萤火虫发出的光一般比较弱，所以我们常用"**萤烛之光**"来作为自谦之词，比喻自己的微不足道。

此外，古代读书人因家贫而点不起油灯时，常常也会捕捉萤火虫照明，因此后人常用"**萤窗雪案**"来形容勤学苦读。

第 23 篇

你是杀猪的!

小明从小就是个**孤苦伶仃**（líng dīng）的孩子，很早就学会**自食其力**。暑假，他白天帮菜市场里的猪肉摊（tān）切肉，晚上则到医院工作，**夜以继日**地赚（zhuàn）取自己的学费和生活费。

有一天晚上，小明正在医院工作，有一位老妇人因急诊（zhěn）要动手术，他就用轮床推她进手术室。

老妇人看了小明一眼，**惊慌失措**地狂叫："天啊！你是那个杀猪的，你要把我推到哪里去?"

1.＿＿＿＿＿＿：形容日夜不停。

2.＿＿＿＿＿＿：形容孤单贫苦，无依无助。

3.＿＿＿＿＿＿：凭借自己的劳力来养活自己。

成语运用
猜一猜

1. 小英的爸妈都过世了，她一个人＿＿＿＿＿＿＿＿地住进了儿童福利院。

2. 他＿＿＿＿＿＿＿＿地完成大学学业，减轻了家里的负担。

3. 妈妈＿＿＿＿＿＿＿＿地缝制衣服，她想让我毕业典礼那天，可以穿着新衣服上台。

4. 面对火灾现场，大家都＿＿＿＿＿＿＿＿，不知该怎么办。

成语 万事通

杀彘（zhì）教子

　　一天，曾子的妻子要上街买东西，儿子吵着要一起去，妻子拗（niù）不过便随口一说："你乖乖待在家里，等我回来叫你父亲杀猪给你吃。"儿子听到有肉吃，就不再吵闹。

　　曾子的妻子买东西回来，见曾子正在磨刀，准备杀猪，便连忙阻止。曾子却说："儿子还小，他现在只会学习父母。母亲欺骗儿子，儿子于是不相信他的母亲，这也是在教育他欺骗别人。这不是正确教育孩子的方法啊。"于是曾子把猪杀了煮给孩子吃了。

　　"彘"即猪。**"曾子杀彘""杀彘教子"**用来形容父母说话算数，教子诚实无欺。

第 24 篇

化装舞会

有一天，陈妈妈陪着女儿小玉参加学校的万圣节恐怖（kǒng bù）化装比赛。只要谁能让在场的人感到**惊恐万分**，谁就可以获得冠军。

结果，陈妈妈跑回家见到陈爸爸便**抱头痛哭**。

陈爸爸对陈妈妈一向**知疼着**（zháo）**热**，便问女儿小玉："小玉，你妈妈怎么了，怎么会哭得这么伤心呢？"

小玉说："因为妈妈得了化装比赛的第一名。"

陈爸爸**大惑不解**地问："得到第一名，应该**欢欣鼓舞**才对，为什么要哭得这么**肝肠寸断**呢？"

小玉**吞吞吐吐**地说："可是……妈妈没有化装呀！"

1. _____：形容因极度悲伤或喜悦而相抱大哭。

2. _____：欢乐兴奋的样子。

3. _____：肝脏和肠子一寸一寸地断裂了。形容悲痛到了极点。

4. _____：非常惊惧害怕。

5. _____：关心人痛痒冷热。形容对人非常关爱体贴。

6. _____：形容因有顾虑而说话支吾含混的样子。

成语运用
猜一猜

1. 李老师像妈妈一样_____地关爱每个学生。

2. 他们为自己晚年丧子的悲惨命运而_____。

3. 看到有劫匪（jié fěi）在银行大厅，大家都_____。

4. 我们班在拔河比赛中获胜，大家都_____地跳了
   起来。

5. 天空中突然出现了两道彩虹，我_____，不知道
   是怎么回事。

6. 说话要干净利落，不要_____。

7. 伯伯病逝了，一家人哭得_____，伤心极了。

成语万事通

"肝肠寸断"的典故

　　东晋时，大将桓（huán）温乘船去蜀地，路过三峡时，部下捉到一只小猿上船，而母猿在江岸上凄惨地号（háo）叫，跟着船跑了数百里还不肯放弃。后来，母猿跳到船上就断气了。人们剖开母猿的肚子，发现肠子已经断成一寸一寸的了。桓温听后大怒，下令撤了捉猿人的职务。

第 25 篇

话剧演出

有一天，晶晶**欣喜若狂**地回家跟妈妈说，她要参加学校的话剧表演。

妈妈听了非常高兴，因为晶晶在学校的表现一向**平淡无奇**，这次总算有**扬眉吐气**的机会了。晶晶兴奋地说："我去练习了。"

随后，妈妈看到晶晶一直躺在床上**纹丝不动**。妈妈**百思莫解**，问："你不是说要练习话剧吗？怎么一直躺着呀？"

晶晶**郑重其事**地说："我现在就是在练习啊！"

妈妈**寻根追底**："你演什么角色？"

晶晶**一本正经**地说："晕倒的路人。"

1. _____：寻常、普通，没有什么特别的地方。

2. _____：形容摆脱长期所受压抑（yì）后，感到心情舒畅（chàng），快活如意的样子。

3. _____：形容说话做事时态度非常严肃认真。

4. _____：寻求根由，追究底细，弄清事情的来龙去脉。

5. _____：百般思索，还是不能理解。

猜一猜

1. 他是一个_____的人，开不起玩笑。

2. 这棵大树好粗啊，小明用尽了全力去推，大树仍然_____
_____。

3. 他_____地抱着奖杯，因为这是他第一次拿到游泳冠军。

4. 小明第一次被评为"优秀少年"，他_____地从老师手中接过奖状。

5. 我对不懂的问题喜欢_____，非得问个明白不可。

6. 这个故事_____，没办法引起我的阅读兴趣。

7. 以前，他总是受到亲戚的讥笑，现在他成功了，终于可以_____了。

8. 数学老师出了一个高难度的趣味题，我想了一个晚上，仍然_____。

 成语 万事通

成语中的"眉"

在成语中，眉毛可以反映人各种各样的情绪。人高兴愉快时，会"眉开眼笑"；快活如意时感到"扬眉吐气"；忧愁苦闷时，是"愁眉苦脸"；愤怒时，则会"横眉怒目"。

第 26 篇
铁口直断

有一天，小明逛夜市，逛呀逛的，突然走向一个算命的摊（tān）子。

算命先生说："您不用开口！您看来**意气风发**，但是**攒（cuán）眉苦脸**，想必事业**进退两难**，您是不是要问事业？"小明摇摇头。

这时，很多路人都围了过来。算命先生又说："我知道了，看您**红光满面**，想问婚姻？"小明又摇摇头。

算命先生继续说："看您**斯斯文文**，像个读书人，问学业？"小明还是摇摇头。

算命先生不耐烦地说："年轻人，我**铁口直断**，**如假包换**，你存心来闹场是不是？"

小明终于开口了："你刚刚叫我别开口的啊！其实我只是想问厕所在哪里。"

成语意思 猜一猜

1.＿＿＿＿＿＿＿：脸色红润，有光泽。形容人的精神、气色极佳。

2.＿＿＿＿＿＿＿：皱紧眉头，苦着脸。形容神情愁苦的样子。

3.＿＿＿＿＿＿＿＿：形容精神振奋，志气昂扬的样子。

4.＿＿＿＿＿＿＿＿：形容举止文雅有礼。

5.＿＿＿＿＿＿＿＿：进也不是，退也不是。形容处境困难。

6.＿＿＿＿＿＿＿＿：如果是假货就给你换。原来是商铺用于宣
传的口号。现在被引申为"一定是真的"。

7.＿＿＿＿＿＿＿＿：形容预测得坚定而准确。

成语运用 猜一猜

1.怪不得他最近总是＿＿＿＿＿＿＿＿，原来是家里发生了变故。

2.她总是刀子嘴，豆腐心，但我敢肯定她是个＿＿＿＿＿＿＿＿
的好人。

3.哥哥长得＿＿＿＿＿＿＿＿的，很多女生都很喜欢他。

4.叔叔快要结婚了，他每天都＿＿＿＿＿＿＿＿的，很开心。

5.士兵们＿＿＿＿＿＿＿＿地踏着正步，在广场上表演。

6.前面发生了车祸，我们的车被堵在中间，＿＿＿＿＿＿＿＿。

7.算命先生坚称自己＿＿＿＿＿＿＿＿，奶奶却半信半疑。

成语万事通

成语中的"铁"

　　"铁"是坚硬的金属,在成语中常表示"坚定"。"**铁面无私**"
形容公正严明而不偏私。意志坚毅,不受感情动摇,是"**铁石
心肠**"。说话、办事坚决果断,就用"**斩钉截铁**"来形容。

第 27 篇

自抬身价

动物拍卖会场上，正在拍卖一只**艳丽夺目**的鹦鹉。一个年轻人看到没人竞（jìng）价，就出了个很低的价格："300元！"他以为这样就可以买到**物美价廉**的鹦鹉。

"400！"一个声音很快地叫了出来。

"450！"年轻人听到有人出价，连忙提高了价钱。

"500！"又是那个讨厌的家伙发出的声音。

"550！"年轻人决心买下这只**不可多得**的鹦鹉。

双方出价的速度越来越快。终于，年轻人以 9800 元成交。年轻人说："**不知不觉**中，我竟（jìng）然花了九千多块钱买这只鹦鹉！对了，请教一下，这只鹦鹉会不会说话？"

拍卖官笑着说："保证没问题，您还不明白刚才是谁在和您竞价？"

成语意思
猜一猜

1.＿＿＿＿＿＿＿：稀少珍贵，很难得到。

2.＿＿＿＿＿＿＿：物品精美，价格便宜。

3.＿＿＿＿＿＿＿＿：娇艳美丽，光彩耀（yào）眼。

4.＿＿＿＿＿＿＿＿：不经意，没有觉察到。

成语运用
猜一猜

1.孔雀＿＿＿＿＿＿＿＿＿＿的羽毛常常成为大家注目的焦点。

2.上台表演的机会＿＿＿＿＿＿＿＿＿，我一定要好好把握。

3.我写着功课，＿＿＿＿＿＿＿＿就睡着了。

4.大卖场里的东西＿＿＿＿＿＿＿＿＿，妈妈最喜欢去那里购物。

成语万事通

"不可多得"的出处

　　"不可多得"语出东汉孔融的《荐祢（mí）衡表》。东汉末年，著名文学家祢衡博学多才，善于论辩，只是相当自傲。当时的名士孔融非常欣赏他，特地写了推荐表，把他推荐给了汉献帝。

　　在推荐表中，孔融盛赞祢衡有惊人的才学和记忆力，只见过一次就能背诵，只听一次就能记住。孔融表示，像祢衡这样的奇才是不可多得的。

第 28 篇
财迷心窍

小刚的朋友小杰突然发了财，过着**鲜**（xiān）**衣美食**的日子，**时运不济**（jì）的小刚**大步流星**地赶去询（xún）问。

小杰说他上山打猎时，看到了一个山洞，他朝着山洞大吼（hǒu）一声，山洞里便跑出一只老虎，他一枪把老虎打死，并且把它卖掉，赚了大钱。小刚听完，拔腿就跑了。

几天后，小杰听说**命运多舛**（chuǎn）的小刚住进了医院，便去探望**奄**（yǎn）**奄一息**的小刚。小刚费力地说："我……到了山上，找到了一个好大好大的山洞，对着里面叫了一声，结果……跑出一列长长的火车。"

1. _____：形容步子很大，走得飞快。

2. _____：华美的服饰，精美的食物。比喻豪华奢侈。

3. _____：气运不佳，无法如愿以偿。

4. _____：仅存微弱的一口气。形容生命或事物已到了将亡的时刻。

5. _____：命运充满不顺。指一生坎坷（kǎn kě），
屡（lǚ）受挫折（cuò zhé）。

1. 最近，叔叔真是_____，先是丢了工作，昨天手
机又被偷了。

2. 被钓起来的鱼已经_____了，真是可怜。

3. 他从出生以后，就一直过着_____的日子，从来
没有吃过苦。

4. 他一生多灾多病，_____，但是经过刻苦努力，终
于取得成功。

5. 轮到我演讲了，我_____地走上讲台。

成语中的"财"

　　"财"是生活的物质基础，努力积累财富也是上进的表现。
但"财迷心窍""爱财如命"就有点过了，更不能贪图"不义
之财""非分之财"。我们要懂得"生财之道"，合理合法地积
累财富。即使"家财万贯"也不能"财大气粗"，"轻财好施"
帮助有需要的人才是正道。

第 29 篇

不想当兵的动物们

最近森林很不安宁。政府命令动物们全都要接受训练，担当起上战场**保家卫国**的责任。

猴子全然不**顾全大局**，他不想当兵，于是狠下心将长尾巴折断。军医说："尾巴断了，算是残障（cán zhàng），不必接受训练啦！"

兔子也毅（yì）**然决然**地把长耳朵给折断。军医也以同样的理由宣布兔子不用参加训练。

黑熊**如坐针毡**（zhān），哭丧着脸，说："我的耳朵和尾巴都那么短，该怎么办？"兔子说："不能**束手待毙**，只有把你的牙拔光，你才算残疾呀！"

黑熊**迫不得已**忍痛把牙齿全部拔光。不久，他大哭着走出来，说："军医说我太胖，本来就不用参加训练。"

 **成语意思**
猜一猜

1.＿＿＿＿＿＿：顾虑整体的利益，使不受损害。

2.＿＿＿＿＿＿：保卫家乡和祖国。

3.＿＿＿＿＿＿：形容心神不定，坐立不安。

4. _____：形容意志坚决，毫不犹豫。

5. _____：捆起手来等死。比喻遇到困难不积极想办法，坐着等失败。

6. _____：为形势所迫，出于无奈，不得不如此。

成语运用 猜一猜

1. 看着不及格的卷子，我_____，不敢回家。

2. 看到同学有困难，他_____地把自己的零用钱都捐了。

3. 妈妈要哥哥_____，不要在上司面前发脾气。

4. 她计划周末去踏青，可是公司却派她去出差，她_____改变了计划。

5. _____是每个军人的责任，绝不可临阵脱逃。

6. 兵临城下，岂能_____！

成语 万事通

"如坐针毡" 的典故

晋朝有个叫杜锡（xī）的人，学识渊博，性格耿（gěng）直，做太子舍（shè）人时，多次直言规劝愍（mǐn）怀太子。太子不仅不听劝告，反而对杜锡心怀怨恨，便故意在杜锡坐的毡垫中放了一些针。杜锡事先没有发觉，一坐下去屁股被扎得鲜血直流。

第 30 篇

最后的指令

有一位牧师要卖一匹马,有个年轻人来看,牧师对他说:"这匹马只听得懂三种指令,要它走,就说'赞美主'要它跑,就说'感谢主'要它停,就说'主啊'。"

年轻人听了,**将信将疑**,要求试骑看看,于是他就坐上那匹马,说:"赞美主!"**果如其言**,那匹马往前走。

他接着说:"感谢主!"那匹马就开始全速冲刺。但是他一紧张忘了怎么让马停下来。马一直跑一直跑,跑到一个悬崖前面,年轻人的情况**危如累卵**(lěi luǎn)。眼看就要掉下去了,就在这**千钧**(jūn)**一发**之际,信奉基督(jī dū)教的年轻人大叫了一声:"主啊!"结果马就在离悬崖只有半米的地方停了下来。

年轻人松了一口气,**不由自主**地说:"感谢主!"接着,就听到一声惨叫……

1.＿＿＿＿＿＿＿＿：不能控制住自己,由不得自己。

2.＿＿＿＿＿＿＿＿：一根头发挂着三万斤重的东西。比喻极其危急。

3. _____：果然如所说的一样。

4. _____：比喻情况非常危险，如同摞（luò）起的鸡
蛋，随时都有倒下来的可能。

成语运用
猜一猜

1. 这件事_____，真的发生了。

2. 洪水的水位已经超过了警戒线，还在继续上涨，情势_____
_____。

3. 她的说法让人_____，于是我一一询问查证。

4. 吃下安眠药，他_____地睡着了。

5. 正在这_____的时刻，一位战士奋不顾身地跳进
河水中，救起了落水儿童。

成语万事通

"危如累卵" 的典故

春秋时代，晋灵公贪图享乐，想造一座九层的琼台，他怕有
大臣劝阻，便下令说："谁敢进谏（jiàn）一律杀头！"大臣荀（xún）
息知道后，便来求见晋灵公，他用在棋子上累起九个鸡蛋的游
戏，使晋灵公幡（fān）然醒悟，认识到造九层高台，会使国库
空虚，一旦外敌入侵，国家危在旦夕，于是立刻下令停止了工程。

04

第四单元

第 31 篇
我只能站着

　　有一次，美国作家马克·吐温到一座小镇上演讲。前一天晚上，他到一家理发店刮胡子，修饰仪容。

　　理发师**满腔热忱**（chén）地推荐："你是外地人吧？你来得正是时候，明天晚上马克·吐温要来演讲，你一定也想**躬**（gōng）**逢其盛**吧？"

　　马克·吐温点点头。理发师又说："那家伙的书造成**洛阳纸贵**，所以他的演讲总是**座无虚席**，你应该买到票了吧？"

　　马克·吐温摇摇头，**饶**（ráo）**有风趣**地回答："真讨厌，我的运气很不好，每次那个家伙演讲时，我都不得不站着。"

成语意思
猜一猜

1. _____：形容好的著作风行一时，广为流传。

2. _____：形容心中充满热情。

3. _____：形容来访或出席的人很多。

4. _____：亲自参加了盛典或亲身经历了盛世。

5. _____：动作或语言很风趣，很好玩。

1. 这样的盛典，可惜我来迟了，不能_____。

2. 他谈吐幽默，平常的事情从他口中说出，也总会让人觉得_____。

3. 黄教授的演讲总是_____。

4. 这本著作曾经轰动一时，甚至造成_____。

5. 林老师总是_____地参加推动阅读的活动。

"洛阳纸贵"的典故

西晋大文学家左思，非常谦虚好学，后来担任了秘书郎一职。他广泛阅读各种书籍，准备写一篇名叫《三都赋》的文章。大文学家陆机听说左思要写这么一篇文章，就预言他写出的《三都赋》不会有人看。结果左思经过十多年的努力，完成了水平很高的《三都赋》。人们听说有这样一篇好文章，争着买纸传抄，一时间洛阳的纸供不应求，价格也因此上涨了许多。后人就用**"洛阳纸贵"**形容好的著作风行一时，广为流传。

第 32 篇

写功课的方法

　　小明翻开作业本，没看两行就觉得**心浮气躁**（zào）。他想，今天的功课**多如牛毛**，不知道该从哪里开始。这时，妈妈高声叫他："小明，到杂货店买一瓶酱油！"

　　原本**愁容满面**的小明却露出了笑容。他走进杂货店，分别选了一包 30 元的糖和一包 12 元的饼干，问店员："假如这两样东西我各买三份，要多少钱？"店员**脱口而出**，说："一共 126 元。"

　　小明又问："假如我给你 500 元，你该找给我多少？""374元。"店员**对答如流**。小明**接二连三**地问店员，直到天黑，才拎（līn）着妈妈交代要买的酱油出来。

　　走出店门，小明**喜笑颜开**地说："太好了，明天要交的数学作业，我都有答案了。"

1._____：心情愉快，笑容满面。

2._____：不加思索，随口说出。

3._____：满脸忧愁的样子。

4. _____ : 回答问话像流水一样快。形容口才好,反应快。

5. _____ : 形容极多。

6. _____ : 形容情绪不稳定,容易动怒的样子。

7. _____ : 一个接着一个,接连不断。

 成语运用
猜一猜

1. 那位妇人_____地站在病房外,原来她的丈夫病得很重。

2. 他年纪还轻,遇事难免_____,您多包涵(hán)。

3. 李白作诗常常不假思索,_____。

4. 面对老师提出的难题,他从容不迫,_____。

5. 看到孩子出色的表现,妈妈_____。

6. 人们破坏环境而造成的悲剧_____地发生,我们应该从中吸取教训。

7. 明朝末年,各种苛捐杂税_____,逼得老百姓活不下去了。

成语 万事通

"脱口而出"的反义词

说话不慎重或才思敏捷,对答如流是"脱口而出",它的反义词是"守口如瓶",形容说话谨慎,严守秘密。

第 33 篇

怎样才算好朋友

小婷希望有个可以**推心置腹**的好朋友，她满怀期待地问小兰："我们俩当好朋友好不好？"小兰**不置可否**地点点头。

小婷接着问："真的？那你有两个气球，可不可以给我一个呢？我也好想要气球啊！"

小兰有些为难，她**支吾**（wú）**其词**地说："啊——你要哪一个呢？"

小婷看了看，指着其中一个，说："给我那个粉红色的顽皮豹（bào），好吗？"

"不行，不行！那是我最喜欢的。"

小婷心想：那我就**退而求其次**，要另外一个吧！于是她说："那你给我那个绿色的青蛙吧！"

没想到小兰**吞吞吐吐**地说："可是……我妈妈说不能把自己不喜欢的东西送给别人！"

1.＿＿＿＿＿＿＿＿：以含混牵强的言语，搪塞（táng sè）应付

他人。

2. _____：得不到最好的，只有要相对好一些的。

3. _____：把自己的心放在对方的肚子里，形容真心

诚意待人。

成语运用
猜一猜

1. 别人问她意见，她总是_____，不愿表达自己的

看法。

2. 为了圆谎，他_____，窘（jiǒng）得脸都红了。

3. 面对他的步步相逼，我只能_____，采取另一种

方法。

4. 爸爸和李叔叔相交多年，是_____的好朋友。

5. 他上课不专心听讲，老师叫他回答问题，他_____

_____，说不出话来。

第 34 篇

少一点好

　　面包店里常常散发出浓浓的奶油香味，让人**垂涎欲滴**。小明是面包店的忠实顾客。有一天放学后，他走进店里买了一块面包。可是这块面包比以前的小了很多。他对老板说："叔叔，你不觉得这块面包比平常的小吗？"

　　"没关系！"老板**嬉**（xī）**皮笑脸**地说，"小一点，你拿起来不就轻一点吗？"

　　"哦，我懂了！"小明眼珠子一转，灵机一动。付钱时，他故意只把几个零钱放在柜台上，转身就要走出店门。

　　老板急着说："喂！喂！喂！你付的钱不够啊！"

　　"没关系！"小明学着老板的语气，**怪声怪气**地说，"少一点，你数起来不就容易多了吗？"

　　这番话，让老板**瞠**（chēng）**目结舌**，一时不知道该怎么回答！

1.＿＿＿＿＿＿：形容嬉笑而不严肃的样子。

2. _____：瞪着眼睛说不出话来。形容窘困或惊呆的样子。

3. _____：嘴馋得口水快要流下来了。形容非常贪馋。

4. _____：声音、语气或腔调古怪难听。

 成语运用
猜一猜

1. 观看鳄（è）鱼捕食羚（líng）羊的画面时，小朋友们个个 _____，吓得说不出话来。

2. 装饰得五彩缤纷的蛋糕，让我们看了_____。

3. 那个流浪汉发出_____的声音，路过的人都投下怪异的眼光。

4. 淘气的弟弟总是_____地惹人发笑，让家人无法对他生气。

成语 万事通

成语中的"怪"

含"怪"的成语真多啊！"怪"可以出现在成语的任何一个位置。出现在第一个字："怪力乱神""怪雨盲风"；出现在第二个字："谲（jué）怪之谈""光怪陆离"；出现在第三个字："奇谈怪论""阴阳怪气"；出现在第四个字："大惊小怪""少见多怪"；同时出现在一三的位置："怪声怪气""怪模怪样"；同时出现在二四的位置："见怪不怪"。

第 35 篇
就是做不到

　　小刚很会照顾弟弟，弟弟缠着妈妈时，小刚会模仿小汽车，发出"嘟——嘟——"的声音，在客厅**行疾（jí）如飞**，来吸引弟弟的注意力。弟弟想听故事，小刚立刻拿起故事书，**活灵活现**地边讲边表演。他们兄弟之间的**手足之情**，常让亲戚朋友**津津乐道**。

　　有一天，小刚全家人到阿姨家做客。阿姨家有个大庭院，两兄弟就在庭院里玩。隔了没多久，传来弟弟的哭声。妈妈笑着跟大家说："没关系，一会儿就好，小刚会哄弟弟的，我们继续聊天。"没想到哭声越来越大，妈妈**按捺（nà）不住**，大声地问："小刚，弟弟怎么了？是不是你欺负他啊？"

　　小刚**眼泪汪汪**，委屈地说："我没有欺负弟弟，弟弟在地上挖了一个洞，吵着要我帮他把这个洞搬到屋里，我就是做不到嘛！"

1.＿＿＿＿＿＿：形容描述或模仿的人或事物生动逼真。

2.＿＿＿＿＿＿：兄弟间的情分。

3. _____：形容对有兴趣的事说得很开心。

4. _____：形容行走的速度很快，好像在飞。

5. _____：含泪的样子。

6. _____：形容人的复杂情感控制不住，终于表露出来。

成语运用
猜一猜

1. 妹妹到医院看病，一听医生说要打针，马上_____地向妈妈求救。

2. 话剧演员_____的表演，赢得了观众如雷的掌声。

3. 为了一点点钱，他竟不顾_____，和弟弟大吵一架。

4. 电影中的高手_____，功夫高深莫测。

5. 得到了老师的表扬，我_____内心的喜悦，一回家就告诉了妈妈。

6. 北京奥运会开幕式的盛大场面，至今仍为人们_____。

成语 万事通

成语中的"手足"

　　手和脚是人体的重要组成部分，所以我们用"情同手足"来表示兄弟之情。"手足无措"指手脚无处安放，形容人惶恐不安，不知怎么办是好。"手足胼胝（pián zhī）"意思是手掌和脚底长出厚茧，形容非常辛勤劳苦的样子。

第 36 篇
开错车

有一天晚上，小杰从外地回家。那时天气不好，天色又暗，雾蒙蒙的一片。小杰开着车子**如堕**（duò）**五里雾中**，什么都看不清楚。他的视力又差，开车技术也不高明，越开越**心惊胆战**。

幸好，前方**隐隐约约**有一辆车，小杰**灵机一动**："对啊，我怎么没想到，只要**亦步亦趋**跟着前车的尾灯走，不就对啦！"

就这样，前方的车子一下子左拐，一下子右转，小杰也紧紧地跟着。两辆车开了四十分钟之后，突然"砰（pēng）——"的一声，小杰竟然撞上了前面的车子。

小杰有些生气，他摇下车窗大喊："喂！老兄，你怎么突然停车呢？"

没想到前方的驾驶员走下车来，**怒气冲冲**地说："先生，这可是我家的车库啊！"

小杰看了看，满脸通红地说："啊！真对不起，真对不起！我真是太糊涂了！"

1._____ : 像掉入极大的云雾中。比喻视线模模糊糊，引申为看不清事情的真相。

2._____ : 形容愤怒得气呼呼的样子。

3._____ : 原意是说你慢走我也慢走，你快走我也快走，你跑我也跑。比喻由于缺乏主张，或为了讨好，事事模仿或追随别人。

4._____ : 看起来或听起来不很清楚；感觉不很明显。

成语运用 猜一猜

1. 你演讲要有自己的特点，不要_____跟着班长。

2. 隔着墙，我_____地听到了他们说话的声音。

3. 他_____地说："你为什么把我的新衣服弄脏了？你太粗心了！"

4. 他_____，想出了一个好主意。

5. 空中飞人特技表演，让观众看得_____。

6. 他提供的线索不清不楚，我们_____，完全找不到方向。

第 37 篇

让我下车啦！

林爷爷鹤（hè）发鸡皮，但他不喜欢别人说他老，什么事情都喜欢自己动手。

有一天，林爷爷去坐公交车，上了车，一位彬彬有礼的小男孩马上站起来就要让座。

不服老的林爷爷，为了表明自己老当益壮，不输给年轻人，他拍拍小男孩的肩膀说："小朋友，你坐好，我还年轻，站着就好了！"

过了一会儿，小男孩又站了起来，林爷爷用力地把他按回座位，嘴里还说："没关系！你不用给我让座，我没那么老，体力还好得很呢！"

就这样，经过三番（fān）两次的起立、坐下，小男孩忍不住地大声说："老爷爷，我家已经过了好几站了，你为什么不让我回家？请你让我下车吧！"

 成语意思
猜一猜

1.＿＿＿＿＿＿＿：白发皱皮。形容老年人容颜衰老的样子。

2.＿＿＿＿＿＿＿：形容次数很多。

3.＿＿＿＿＿＿＿＿＿＿：形容年纪虽大但志气豪壮，干劲更足。

1. 小明＿＿＿＿＿＿＿＿＿＿地找我借钱，但从来不还。

2. 爷爷80岁了，每天早晨还坚持跑步，真是＿＿＿＿＿＿＿＿＿＿
啊！

3. 李奶奶虽然是个＿＿＿＿＿＿＿＿＿＿的长辈，但却是我们热舞
俱乐部的老会员。

4. 哥哥＿＿＿＿＿＿＿＿＿＿，大家都十分喜欢他。

 成语万事通

美丽的丹顶鹤

　　自古以来，白鹤就是长寿的象征。鹤科中最具代表性的是美丽的丹顶鹤，寿命长达五六十年，比一般的鸟活得长。常见的成语中，"**龟年鹤寿**"就是用龟、鹤的长命比喻人的长寿。丹顶鹤的羽毛绝大部分是白色的，头顶红色，颈、脚修长，是吉祥和高雅的象征。我们常用"**鹤发童颜**"形容老年人气色好，精神矍铄（jué shuò）；用"**鹤骨松姿**"形容老人风姿苍劲，超凡脱俗；用"**鹤立鸡群**"比喻一个人仪表或才能超出一般，与众不同。

第 38 篇

蚯蚓犯了什么错？

李叔叔是个警察，他取缔（dì）违规事件特别有技巧。**妙语解颐**（yí）的本事，常让大家啧（zé）啧称奇。

有一次，他在公园巡逻（xún luó）时，发现有人在公园里的人工湖边钓鱼，这里可是不能钓鱼的啊！李叔叔好心规劝：“先生，你没看见牌子上写着‘严禁（jìn）钓鱼，违者罚1000元’的标语吗？”

没想到对方**打诨**（hùn）**说笑**，摇摇手说：“我可不是在钓鱼，我只是在教我的蚯蚓游泳啦！”一点也没有离开的意思。

李叔叔明知对方胡闹，却**不动声色**地左看右看，接着问他：“那你的蚯蚓有没有穿泳衣？”

钓客说：“开玩笑，当然没有，蚯蚓怎么会穿泳衣！”

李叔叔笑着说：“那就对了，这样**赤身裸体**游泳属于不文明行为，是明令禁止的行为，需要罚款2000元！”

一听到要罚2000元，钓客**星驰电走**般收拾好钓具就离开了，再也不敢到公园钓鱼了。

成语意思 猜一猜

1. _____：即兴说些可笑的话逗趣，开玩笑。

2. _____：像流星一样飞驰，像雷电一样急闪。形容极其迅速。

3. _____：形容说话风趣动听，使人愉悦发笑。

4. _____：咂（zā）嘴发出声音，表示惊奇，赞叹。

成语运用 猜一猜

1. 他擅长_____，是一位喜剧演员。

2. 警察趁着歹徒东张西望的空当，_____地逼近歹徒，并迅速将他逮捕。

3. 听说表弟才 4 岁就会溜旱冰，我们都忍不住_____。

4. 在尴尬（gān gà）的气氛中，他_____，化解了僵局。

5. 她提着行李，跳上火车，_____般赶往前方。

第 39 篇
别怪他们！

有一天，教育局局长想了解学校开展科学教育的情况。他走进一所学校的科学教室，看到地球仪旁边有一个小朋友，就**和蔼（ǎi）可亲**地问："小朋友，你知道为什么地球仪会倾斜 23.5 度吗？"

没想到小朋友却**畏（wèi）首畏尾**地说："不是我弄的，不是我弄的……"

这么简单的问题小朋友都答不上来，局长有点失望。他**左顾右盼**，找了一个看起来很聪明的小朋友，问了同样的问题。没想到这个小朋友竟然**面如土色**，害怕地说："也不是我，不是我，我才刚进来呀！"

局长见到老师后，跟老师说起这件事。老师**无可奈何**地说："现在的产品质量真成问题，这个地球仪一买来就是这个样子！您就别怪他们了！"

1.＿＿＿＿＿＿：指左看右看，四处观察的样子；或指顾虑太多，犹豫不决的样子。

2. _____：怕这怕那。形容疑虑顾忌（jì），胆小怕事。

3. _____：态度温和，容易亲近。

4. _____：脸色像泥土一样，形容惊恐到了极点。

 成语运用
猜一猜

1. 他做事_____的，无法承担重大责任。

2. 她是大家眼中_____的"故事奶奶"。

3. 面对朋友的误会，他百口莫辩，只好_____地摇
摇头。

4. 恐怖的电影画面，吓得他_____，不敢再看下去。

5. 小明没有养成好习惯，上课总是_____。

成语 万事通

奇妙的 23.5 度

　　地球绕着太阳转叫公转。很奇妙的是：地轴有 23.5 度
的倾斜，因为这个倾斜，让地球有了四季，也有了昼夜长短
的变化。

　　假如没有这样的倾斜角度，太阳会永远直射同一个地
方，气候没有变化，地球可能就不是一个适合动植物生存的
地方了。

第 40 篇
可爱的洋洋

洋洋才两岁，看到什么东西，都觉得新鲜有趣。

有一次，爸爸妈妈带他到农场，那里有成群的羊。洋洋鼓足勇气，走上前去，摸了摸其中一只小羊，惊喜地说："妈妈，羊咩（miē）咩的毛是用毯子做的！"

还有一次，他到动物园，一只孔雀在笼子里张开尾巴，**搔（sāo）首弄姿**，样子很神气。洋洋指着孔雀，兴奋地**大呼小叫**："看啊，那只鸡正在开花啊！"

洋洋**妙趣横生**的话语，虽然常让爸爸妈妈**哭笑不得**，但也是朋友间**津津乐道**的话题呢！

1. _____：形容故意卖弄风情。

2. _____：美妙的意趣层出不穷。多用于对文章、语言或美术作品的称赞。

3. _____：高一声低一声地乱叫乱喊。

1. 妹妹总会说出一大堆似是而非的理由，让大家＿＿＿＿＿＿＿＿＿
＿＿＿＿＿。

2. 当年爷爷见义勇为、独自一人制服两个劫匪的事迹，至今仍
被人们＿＿＿＿＿＿＿＿＿。

3. 她的演讲深入浅出，＿＿＿＿＿＿＿＿＿，让我收获不少。

4. 姐姐特别爱臭美，每次穿上新衣服，总是在镜子前＿＿＿＿＿
＿＿＿＿＿＿，自我欣赏。

5. 她总是＿＿＿＿＿＿＿＿＿的，很多人都不喜欢她。

锦屏射雀

　　隋朝定州总管窦（dòu）毅觉得女儿才貌双全，不能轻易
许给平庸之辈，得嫁一个真正的贤人。于是他在门屏上画了两
只孔雀，许诺谁能同时两箭射中两只孔雀的眼睛就将女儿嫁给
他。很多公子都去射箭比武，可惜都不能如愿。唐高祖李渊两
箭正好各中孔雀的眼睛。窦毅大喜，将女儿嫁给了李渊。后人
便用"锦屏射雀""雀屏中彩"等来代指选婿求婚。

05

第 41 篇

两个笨蛋

小林在面包店工作，可是他连简单的加减法都会算错。为了让他弄懂算数，不再把结账**视为畏途**，老板娘决定亲自调教。没想到一连问了几个问题，小林都回答错了。老板娘**怫（fú）然作色**，恨恨地问："一加一是多少？你不会不知道吧？"

面对**咄（duō）咄逼人**的老板娘，小林**噤（jìn）若寒蝉**。他**结结巴巴**的，怎么也说不清楚。老板娘**怒目切齿**，喊道："是'二'！笨蛋！知道了吗？"

小林**惶恐不安**地**嗫嗫（rú niè）**着："知道了。"

老板娘**戟（jǐ）指怒目**，追问道："那么我再问你一次，我和你加起来是几个人？"

小林**惴（zhuì）惴不安**，**小心翼翼**地回答："是不是两个笨蛋？"

 **成语意思猜一猜**

1. _____：脸上现出愤怒之色。

2. _____：形容说话不流利。

3. _____：形容恭敬小心，一点不敢疏忽懈怠（xiè dài）。

4.______：视作危险可怕的路途。比喻不敢去尝试的事情。

5.______：形容言语犀（xī）利，气势逼人。

6.______：咬紧牙齿怒视，形容愤恨至极。

7.______：一声不响，像冷天的蝉。形容不敢说话。

8.______：指着人，瞪着眼。形容大怒时斥责人的神态。

成语运用 猜一猜

1. 他是个内向的男孩子，遇到喜欢的女生，更是______地说不出话来。
2. 小明不爱吃青菜，妈妈多次教育他要注意营养均衡，今天吃饭时，小明又把妈妈夹到他碗里的青菜丢了，这让好脾气的妈妈也______。
3. 自从上次登山受伤之后，他把爬山______，再也不敢夸口说要征服百岳了。
4. 他说话总是______，所以很多人不喜欢他。
5. 他贪生怕死，爱慕荣华富贵，叛变了革命，共产党人谈起他，总是恨得______。
6. 奶奶每次擦洗这个祖传的花瓶都______的，生怕打碎了。
7. 盛怒之下，平日里温文尔雅的他今天也______，尽情发泄心中的愤慨。
8. 爸爸发脾气的时候非常吓人，他一发脾气，我们一家人都______。

第 42 篇

帮小狗洗澡

小明和小红正在聊天，谈起小敏家里新养了一只狗。小明听后，**垂涎三尺**地说："我也想养，可是爸爸妈妈说家里已经有小乌龟了，让我不要**得陇**（lǒng）**望蜀**（shǔ）。"

小红也只养过蚕宝宝，两人都很羡慕小敏。正巧，小敏走过来了。小红说："小敏，你的小狗叫什么名字？我们到你家逗逗小狗好不好？"

没想到小敏突然**泪如雨下**地说："我家小狗昨天死了……"

小明和小红**面面相觑**（qù），一时不知该怎样安慰小敏。过了好一会儿，小明问："小狗怎么会死呢？"小敏**唏嘘**（xī xū）**不已**地说："我昨天帮它洗澡，结果它就死了。"

"洗澡怎么会死呢？"小明和小红感到**匪夷所思**。

小敏**声泪俱下**："唉！因为我把它洗得太干净了，现在它可爱死了！"

1. ＿＿＿＿＿＿：比喻贪得无厌，不知满足。

2. ＿＿＿＿＿＿：边说边哭。形容极度悲伤的样子。

3. _____：你看我，我看你，形容大家因惊惧或不知
所措而互相望着，都不说话。

4. _____：叹息或抽搭不停。形容非常惋惜、感慨或痛苦。

 成语运用
猜一猜

1. 这个孩子_____地讲述自己的遭遇，让听的人都
为之动容。

2. 弟弟拿到生日礼物玩具汽车后，又想买脚踏车，妈妈笑着说：
"不要_____啦！"

3. 一向品学兼优、文质彬彬的东东竟然会出手打人，这让我感
到_____。

4. 窗户为什么会被打破呢？我和哥哥_____，不知
道该怎样回答妈妈的质问。

5. 妹妹受到委屈，难过得_____，谁安慰她都没有用。

6. 看着这满桌色香味俱全的菜肴（yáo），不能不让我_____
_____。

成语 万事通

"得陇望蜀"的典故

东汉时，刘秀恐大将岑（cén）彭不积极进攻，就下了一
道命令："既平陇，复望蜀。"岑彭得令后，加紧攻城，终于平
定了陇、蜀两地。后来"既平陇，复望蜀"演变为"**得陇望蜀**"。

第 **43** 篇

最接近的答案

　　小青放学时，一路连跑带跳地跑回家，她**得意扬扬**地告诉妈妈："妈妈，今天在课堂上我得奖了，老师还说我**聪明绝顶**呢！"

　　妈妈也很高兴，摸摸她的头问："真的？为什么呢？"

　　小青**喜不自胜**地说："老师问大家，猫头鹰有几条腿，我说 3 条……"妈妈丈二和尚——摸不着头脑："不对啊，猫头鹰是鸟类，应该是两条腿。答错了，又怎么能得奖呢？"

　　正要问个清楚，小青**滔滔不绝**地说："其他同学都说 4 条腿，还有人说 5 条、6 条、7 条……只有我说 3 条！老师说我的答案最接近！"

1. ＿＿＿＿＿＿：非常聪慧灵敏。

2. ＿＿＿＿＿＿：水势盛大，连续不断的样子，也用来形容
　　　　　　　说话连续不断。

3. ＿＿＿＿＿＿：高兴得不得了。

成语运用
猜一猜

1. 赢得全校早冰比赛第一名, 他_____, 整个人都散发着自信的光彩。

2. 面对_____的黄河水, 他情不自禁地吟起诗来: "君不见黄河之水天上来……"

3. 想到明天我大哥就要回国了, 妈妈_____, 一边整理房间, 一边哼唱着歌曲。

4. 他是个_____的人, 怎么可能上你的当呢?

成语 **万事通**

成语里的 "聪明"

成语国度有很多形容 "聪明" 的用语。

假如有人教会你一个成语, 你可以联想到另外三个意思相近或相反的成语, 你就有 "**举一反三**" 的智慧。假如你记忆力很强, 读过的东西都不会忘记, 你就有 "**过目不忘**" 的功力。假如你擅长阅读, 一次可以同时读懂十行文字, 你就是 "**一目十行**" 的高手。

你的思虑是深刻、细致, "**剔透玲珑**" 让人难忘, 还是才能高过同辈, 让人忍不住赞叹 "**出类拔萃**"?

哪一个成语最适合形容你自己呢?

第 **44** 篇

望子成龙的爸爸

小明的爸爸是老师，偏偏小明**笨头笨脑**的，怎么教都教不会。这一点让**望子成龙**的爸爸既着急又难过。

期中考试刚考完，爸爸问他："这次考试你得了多少分？"

小明**战战兢**（jīng）**兢**地回答："5 分。"

话才说完，"啪！""啪！""啪！""啪！""啪！"小明的屁股上，结结实实地挨了爸爸 5 个大巴掌。

爸爸又问："下次再考试，你打算得多少分？"

痛得**龇**（zī）**牙咧**（liě）**嘴**的小明，大声地哭着说："呜呜……下次……我……我 1 分也不要了。"

1. _____：形容非常害怕而微微发抖的样子。也形容小心谨慎。

2. _____：脑筋不灵活。

3. _____：形容凶狠的样子，或形容疼痛难忍的样子。

4. _____：希望自己的子女能成大器。

成语运用
猜一猜

1. 他不小心跌了一跤，疼得他_____，眼泪都流出来了。

2. 他虽然_____的，但对人很诚恳，大家都很信任他。

3. 姑妈_____，一心想送我表哥出国深造。

4. 第一次上台演讲，他_____的，老怕出错。

成语万事通

成语里的"痛"

痛的时候，除了"龇牙咧嘴"，还会有怎样的动作或表情？看看下面这些跟痛有关的成语，哪一个最适合形容你的痛。

有人一边哭一边"呼天抢地"，似乎在跟老天爷抱怨。有人"心如刀割"，内心痛苦得像被刀子划过一样。有人拍胸跺脚，用"捶（chuí）胸顿足"的动作发泄心里极度的悲痛和愤怒。有人会自捶胸脯，哭得眼中流出血来，这样"泣血锥（zhuī）心"，旁观的人也会忍不住掉眼泪。

不管有多痛，在悲伤过后，都要懂得擦干眼泪，重新出发！

第 45 篇

谁打破了碗?

小刚年龄虽小，却很机灵，很懂得**察言观色**。

一天晚饭后，爸爸和妈妈一块儿洗碗，小刚和姐姐在客厅里整理东西。突然，厨房里传来"哐啷（kuāng lāng）啷"碗碟破碎的声音，**惊天动地**的响声之后一片沉寂（jì）。

姐姐吐了吐舌头，有点**幸灾乐祸**地说："哦！爸爸遭殃（yāng）了，又打破东西了！"

小刚摇了摇头，用**毋庸**（wú yōng）**置疑**的口气说："是妈妈打破的。"姐姐说："我不信，不如我们到厨房看个究竟。"

小刚说："千万不要，我们这时去凑热闹，妈妈一定会**措颜无地**。"姐姐不服气地说："你为什么这么确信是妈妈打破的？"小刚一副**胜券**（quàn）**在握**的样子，说："这还不简单，东西打破了，却没有传来妈妈骂人的声音啊！"

 成语意思
猜一猜

1._____：形容声音很大，或是声势惊人。

2._____：事实明显或理由充分，根本就没有怀疑的余地。

3.＿＿＿＿＿＿＿＿＿＿：观察人的言语神情而窥（kuī）知对方心意。

4.＿＿＿＿＿＿＿＿＿＿：对于他人的不幸遭遇引以为乐。

5.＿＿＿＿＿＿＿＿＿＿：比喻有必胜的把握。

6.＿＿＿＿＿＿＿＿＿＿：脸没处搁（gē）。形容极其惭愧。

成语运用 猜一猜

1. 钓鱼岛是属于中国的，这一点＿＿＿＿＿＿＿＿＿＿。

2. 推销员要懂得＿＿＿＿＿＿＿＿＿＿，才能抓住商机。

3. 他是医学院的高才生，在实习中，却误诊了病人，这让他感
   到＿＿＿＿＿＿＿＿＿＿。

4. 一个＿＿＿＿＿＿＿＿＿的巨雷在头顶炸响，吓得她躲进了被窝。

5. 看到别人跌倒，你不但不帮忙，反而＿＿＿＿＿＿＿＿＿＿地在
   一旁鼓掌，真不应该！

6. 这次比赛，我准备得非常充分，可以说是＿＿＿＿＿＿＿＿＿＿。

成语万事通

形容"惭愧"的成语

　　除了"措颜无地"，形容惭愧的成语还有很多。当做了不该做的事，我们会"于心有愧"，以至于"面露愧色"，甚至"满脸羞愧"；当接受某种馈（kuì）赠和奖赏超出自己的预期，我们会感到"受之有愧"；不自信的人会"自惭形秽（huì）"。

第 46 篇

谁是爸爸？

一个假日，黄叔叔正**优哉**（zāi）**游哉**地坐在院子里看报，吃早餐。突然，一个足球**从天而降**，**不偏不倚**（yǐ）地打在他家的窗户上……

黄叔叔有些气恼，隔了一会儿，一个小男孩满头大汗地跑过来，满脸歉意地说："对不起，我马上打电话叫我爸爸来修玻璃。"

看到对方**知过能改**，黄叔叔也就不计较了。果然，隔了几分钟真的来了个男人，手脚利落地把玻璃装好了。完成后，这个男人竟然伸出手来，跟黄叔叔说："先生，材料费和工钱一共 100 元！"

黄叔叔惊讶地问："难道你不是那孩子的爸爸？"修理窗户的男人也**大吃一惊**："莫非你也不是？"

1._____：比喻出于意外，突然出现。

2._____：形容悠闲自得的样子。

3._____：犯了过错能加以改正。

4._____：一点也没有偏差。

成语运用
猜一猜

1. 小狗竟然会数数，看过的人都_____，不敢相信自己的眼睛。

2. _____，善莫大焉；你如果真能改过自新，总有一天会重新被社会接受。

3. 不一会儿，倾盆大雨就_____，重重地打在我的脸上。

4. 我真的不是故意的，我哪知道那个球会_____地打在你的头上呢。

5. 我喜欢在阳台上坐着，一边_____地看书，一边听自己喜欢的音乐。

成语万事通

"知过能改"的周处

　　三国时期的周处，年轻的时候横行霸道，为祸乡里。当时义兴水中有蛟（jiāo），山中有白额虎，皆暴犯百姓。后来有人说服周处，除掉了蛟和虎。除去蛟、虎之后他才得知，原来自己和蛟、虎被乡人并称为"三害"，自己正是"三害"之首。周处感到很惭愧，找到陆云决定改过自新，最终成为一代忠臣！

第 47 篇

吱一声

　　小杰是个淘气的孩子，不爱学习，经常搞恶作剧。他的爸爸妈妈请了一位严厉的老师来教导他，希望能让他**顽石点头**。老师来了后严肃地把小杰叫到面前，**声色俱厉**地问："你知道学习的重要性吗？"

　　小杰**不哼不哈**。老师提高声音，又问："你知不知道学习的重要性？"

　　小杰还是没有回答。这时，老师站起来，大声地问："你到底知不知道学习的重要性？不会也吱一声啊！"被问得**不知所措**的小杰，终于低下头来。小杰的爸爸妈妈在一旁，**窃窃私语**，很是着急。小杰："吱——。"老师汗下。

成语意思
猜一猜

1.＿＿＿＿＿＿：不知道怎么办才好。形容处境为难或心神慌乱。

2.＿＿＿＿＿＿：说话时的声音和脸色都很严厉。

3.＿＿＿＿＿＿：私底下小声地说话。

4.＿＿＿＿＿＿＿＿＿：连冥顽没有灵性的石头都点头了。比喻说
　　　　　　　　　　理透彻，使人心服。

5.＿＿＿＿＿＿＿＿＿：不言语，多指该说的而不说。

成语运用
猜一猜

1. 她最近＿＿＿＿＿＿＿＿＿，好像有心事，好朋友们都很担心她。

2. 夜空中，满天的星星在调皮地眨着眼睛，好像一群淘气的孩
　　子在＿＿＿＿＿＿＿＿＿。

3. 经过老师的再三劝说，这两个孩子终于＿＿＿＿＿＿＿＿＿，
　　改邪归正。

4. 他上课迟到了，在老师和同学的注视下＿＿＿＿＿＿＿＿＿。

5. 妈妈＿＿＿＿＿＿＿＿＿地责备他，希望他能知错就改。

成语万事通

"顽石点头"的故事

　　相传晋朝的道生法师，在苏州虎丘山钻研佛法。当时《涅
槃（niè pán）经》刚传入中国，接受佛教的人不多，道生法
师在山中传道时，就搬来许多石头，把《涅槃经》的道理讲给
这些石头听。一段时间后，道生法师问："我这样讲，是不是能
表现出《涅槃经》的精妙呢？"没想到眼前的石头一个个点
起头来，对道生法师的阐释表示赞佩。

第 48 篇
数星星的方法

　　有一天晚上，琪琪到文文家玩，看见文文在院子里数数：一个、两个、三个……口中**念念有词**。琪琪觉得很好奇，她问："文文，院子里**空空如也**，你到底在数什么呀？"

　　文文说："今天是个**月白风清**的好天气，天上的星星**历历可辨**，我在数有多少颗星星呢！"

　　琪琪也跟着数呀数，但是怎么也数不清楚。她突然**茅塞顿开**，说："文文，我们真笨啊！天这么黑，哪能数得清？我想到一个**事半功倍**的好方法，我们明天天亮的时候再数，不就能看得更清楚吗？"

1.＿＿＿＿＿＿＿：原来心里好像有茅草堵塞着，现在忽然被打开了。形容一下子明白过来。

2.＿＿＿＿＿＿＿：事情只用一半的心力，而功效加倍。形容费力少，而收效大。

3.＿＿＿＿＿＿＿：月色皎洁，微风清凉。形容美好的月夜。

4.＿＿＿＿＿＿＿：指人不停地喃（nán）喃自语。

5. _____：能够清晰地辨别清楚。

6. _____：多形容某个空间里空空的什么也没有。

成语运用 猜一猜

1. 只要方法用对，就可以收到_____的效果。

2. 他口中_____，不知道在说些什么。

3. 尽管蒸包铺里散发出浓浓的香味，摸摸自己_____的口袋，他只能不断地吞口水。

4. _____的中秋夜，一家人团聚在一起，充满快乐与温馨。

5. 直到爸爸从背后拿出蛋糕，我才_____，原来今天是妈妈的生日。

6. 雪地上一大一小两行脚印_____。

成语 万事通

今天有个好天气！

打开窗户，你的心情特别好，因为天气真好！

用来描述好天气的成语可不少。微风和煦（xù），阳光明亮，是个"**风和日丽**"的日子，这个时候你想到哪里去呢？微风轻柔，阳光和暖，这种"**风轻日暖**"的时候最适合出游了！月色皎（jiǎo）洁，微风清凉，"**月朗风清**"的时候，跟家人一起赏月、谈心，该有多惬（qiè）意啊！

第 49 篇

爸爸还好吧?

东东要到外地参加为期 10 天的夏令营,临出门前,他把一盆最喜欢的盆栽和一缸热带鱼交给妈妈照顾。因为妈妈总是迷迷糊糊的,东东很详细地跟妈妈说:"这盆盆栽每三天要浇一次水,一次不要浇太多。这些鱼有点**娇生惯养**,每次喂食不要太多,也要注意鱼缸里的温度。"妈妈**信誓旦旦**地保证,一定会好好照顾他的宝贝。

三天后,东东打电话回家,妈妈在电话里**长吁**(xū)**短叹**,很遗憾(yí hàn)地告诉他,因为忘了插电保温,所以热带鱼全死了。没想到**祸不单行**,过了三天,他再打电话回家。妈妈又告诉他,因为忘了浇水,盆栽也枯死了。东东**忐忑不安**地问:"那……爸爸还好吧?"

成语意思
猜一猜

1.＿＿＿＿＿＿＿:誓言说得真实可信。

2.＿＿＿＿＿＿＿:因伤感、烦闷、痛苦等不住地唉声叹气。

3.＿＿＿＿＿＿＿:从小被宠爱、纵容,没受过折磨、历练。

4.＿＿＿＿＿＿＿:比喻不幸的事情接二连三地发生。

1. 第一次拿指挥棒,他_____,担心表现不够好。

2. 想不到一向_____的她,竟然也会挽起袖子,为病人服务。

3. 小明_____地向老师保证:下次再也不抄别人的作业了。

4. 他因为车祸住院,没想到_____,家里竟然又遭小偷光顾,丢了笔记本电脑。

5. 看着台风过后满目疮痍(chuāng yí)的景象,想到以后重建的辛苦,老农夫忍不住_____。

成语里的"长"与"短"

除了"长吁短叹",还有很多成语也同时出现"长"与"短"这两个字。"三长两短"用来比喻意外的变故,"争长论短"指的是随意议论别人是非、好坏的行为,"情长纸短"是形容深长的情谊非笔墨所能尽述,"七长八短"说的是不利或不幸的事,"更长梦短"是描述焦虑不安、彻夜难眠的景象。

第 50 篇

丁丁成绩不太好

丁丁的成绩不太好，每次考试都排在后面。他曾经问爸爸：“假如有一天，我在班上**名列前茅**，你会怎么样？”爸爸以为他终于知道要**奋发图强**了，**喜出望外**地说：“那我一定高兴死了！”丁丁却拍拍胸脯说：“我就知道你会这样，所以我一定不会考这么好，我才不要让你死呢！”爸爸**欲哭无泪**。

学期结束，爸爸问丁丁：“隔壁的小明、小真、琪琪都带奖状回家，你怎么**两手空空**呢？”

丁丁一脸无辜（gū）地说：“我也想拿一张啊，可是不知道怎么的，老师拿着一叠奖状，都只发给别人，发到我时，奖状正好没了……”

1. ＿＿＿＿＿＿：指什么都没有。

2. ＿＿＿＿＿＿：想哭可是没有泪水。

3. ＿＿＿＿＿＿：振奋精神，努力自强。

4. ＿＿＿＿＿＿：指名次排在前面。形容表现很好。

5._____：指因遇到出乎意料的喜事而感到欣喜。

1. 他学习勤奋又认真，成绩在班里一直是_____。

2. 为了向表哥看齐，他_____，每天努力读书。

3. 开学在即，家里没钱交学费，陈明_____。

4. 著名歌手小轩竟然愿意免费来学校表演，这个消息让大家

_____。

5. 我们想去参加婷婷的生日会，只是_____，怎么

好意思去呢？

成语中的"喜"

　　每个人都希望自己每天都过得欢欢喜喜的。含"喜"的

成语也真不少。

　　"喜"可以出现在成语的任意一个位置。出现在第一个字

的有"喜出望外""喜上眉梢""喜笑颜开"，出现在第二个字

的有"大喜过望""悲喜交加""双喜临门"，出现在第三个字

的有"好大喜功""欢天喜地""厌故喜新"，出现在第四个字

的有"转忧为喜""弄璋（zhāng）之喜""皆大欢喜"。

　　还有很多含"喜"的四字以上的成语，比如"人逢喜事精

神爽""喜怒不形于色"。

- -

- -

- -

- -

- -

- -

- -

- -

- -

- -

06

第六单元

第 51 篇

强强爱打人

强强是巷子里的"小霸王"。有一天，又有小朋友来向强强爸告状："强强故意把我推倒……"

强强爸对强强管教很严格，他听后**怒不可遏**（è）地抓住强强，重重地打他的屁股。强强爸一边打，一边骂："你老是欺负邻居家的小孩，你知道别人家会说些什么吗？"强强哭着说："我知道，他们都说我和你小时候**如出一辙**（zhé），几乎是**一模**（mú）**一样**。"

这些话让强强爸**恼羞成怒**，也打得更重了，强强痛得大声求饶。

强强爸以为强强已经**痛定思痛**，得到教训了，又问他："以后你还敢不敢打人？"

强强哭着说："不敢了，我要等到当了爸爸才打人！"

1. ＿＿＿＿＿＿＿：因羞愧到极点而恼恨发怒。

2. ＿＿＿＿＿＿＿：好像从同一个车辙出来，形容事物十分相像或言行举止非常相似。

3._____：愤怒到不能抑制的地步。形容愤怒之极。

4._____：指悲痛的心情平静以后，回想以前的痛苦。

5._____：形容完全相同，没有什么两样。

成语运用
猜一猜

1. 同学们的想法_____，都是希望老师能提早下课，让大家有时间打球。

2. 他坚持不肯认错的态度，让爸爸更加_____。

3. 这次的失败，让他_____，决定要好好反省一番。

4. 世界上没有两片_____的树叶。

5. 孩童无心的玩笑惹火了他，他_____，破口大骂。

成语 万事通

"如出一辙"的出处

"如出一辙"出自宋朝学者洪迈的《容斋（zhāi）随笔》。这篇读书随笔指出：历史上一些名将威震一时，立过盖世之功，但由于恃（shì）功自傲，骄傲轻敌，最后都以失败告终。蜀将关羽、西魏名将王思政、北齐名将慕容绍宗和南朝名将吴明彻四人所犯错误好像出自同一个车辙，如此相似。

第 52 篇

谁考了100分？

　　上课铃声响了，大家的心里都**忐忑不安**，因为这一节课要发数学试卷。不一会儿，只见老师**怒气冲冲**地走进来，**气急败坏**地说："每一题都教过了！为什么你们还考得这么差？每一张考卷都扣了一大堆分数，害我算得**头昏眼花**……"

　　同学们个个**噤若寒蝉**，大气也不敢喘一下。

　　老师接着说："不过，我改到最后，却发现有一张考卷每一道题都答对了，竟然得了100分！"同学们在底下**议论纷纷**，想知道这个"幸运儿"是谁。没想到老师竟然说："我还以为是哪个特别用功的同学，仔细一看，原来是我自己的标准答案。"

1.＿＿＿＿＿＿：头脑昏沉，视觉模糊。

2.＿＿＿＿＿＿：不停地揣测，讨论。

1. 连续两天没有睡好觉，他_____，十分疲倦。

2. 大厦顶楼插着许多旗帜，不知道是做什么用的，看到的人都_____。

3. 小明_____地跑来对我说："那道题我做了两小时还做不出来，简直气死我了。"

4. 妈妈已经火冒三丈了，我和哥哥都_____，不敢再多说什么。

5. 我第一次对老师撒谎，心里一直_____。

6. 那个商人竟然偷斤减两，受骗的人_____地找他理论。

 成语万事通

"噤若寒蝉"的典故

　　东汉杜密隐退之后，还常向太守推举贤人，与其讨论时政。同乡还有另外一位隐退的高官刘胜，却是不问世事。当时的太守王昱（yù）有意无意地在杜密面前夸赞刘胜。杜密却义正词严地说："不针砭（biān）时政，也不荐举贤能，像寒蝉一样不声不响，这样明哲保身，对国家有什么好处呢？"太守听了，心里又敬佩又惭愧，对杜密的直言不讳（huì）也就更能虚心接受了。

第 53 篇

狮子的祈祷（qí dǎo）

　　王叔叔是个**不避艰险**的探险家，见过许多**光怪陆离**的景色。

　　有一次，他到非洲旅行，来到断崖，正在欣赏山洞内**鬼斧神工**的图腾壁画，这时，他听到身后传来"吼——吼——"的声音，回头一看，令他**始料不及**，竟然是一只凶猛的狮子。王叔叔故作镇定，**目光如炬**（jù）地瞪着狮子。这一招好像有点效果，狮子**踌躇**（chóu chú）**不前**。突然，狮子双掌合十，跪了下来。王叔叔**手足无措**，一时也不知道该怎么办，也跟着双手合十跪在地上。过了一会儿，狮子抬起头来对他说："我不明白你在做什么，不过我可以告诉你，我可是在做餐前祈福！"

1. _____：眼光像火炬那样亮。形容看事透彻，见识远大。

2. _____：形容现象离奇怪异，色彩参差（cēn cī）错杂。

3.＿＿＿＿＿＿＿＿＿：形容举动非常慌张或没有办法应付。

4.＿＿＿＿＿＿＿＿＿：像是鬼神制作出来的，形容建筑、雕塑等技艺精巧。

5.＿＿＿＿＿＿＿＿＿：指事情的变化发展，是起初没料到的。

6.＿＿＿＿＿＿＿＿＿：犹豫不决，不敢前进。

7.＿＿＿＿＿＿＿＿＿：勇往直前，不畏艰难险阻。

成语运用 猜一猜

1.这些＿＿＿＿＿＿＿＿＿的奇闻逸事，令人无法置信。

2.黄龙洞里的景观真是＿＿＿＿＿＿＿＿＿，让中外游客都惊叹不已。

3.先人＿＿＿＿＿＿＿＿＿，披荆斩棘（jí），才使我们拥有现在的生活。

4.小明的短跑是最快的，可是在这次短跑比赛中，小明竟然没有获得冠军，这让所有人＿＿＿＿＿＿＿＿＿。

5.连续几天，总有一个人在宾馆门前＿＿＿＿＿＿＿＿＿，这引起了警方的重视。

6.监考老师＿＿＿＿＿＿＿＿＿，同学都不敢轻举妄动。

7.李二正在说张三的坏话，一抬头，看见张三就在面前，他的脸一下子就红了，一时＿＿＿＿＿＿＿＿＿，也不知说什么好。

第 54 篇
南极的稀有动物

　　考完试后，爸爸看了小明的考卷，不断地**唉声叹气**："孩子，你也太**孤陋（lòu）寡（guǎ）闻**了吧？南极的稀有动物为什么是'北极熊'呢？"

　　小明**直言不讳**："这一题我也是想了很久啊！后来想，在南极一定很难找到北极熊，所以它一定是稀有动物啊！"

　　"那这一题呢？'阿姨给你三个球，叔叔给你两个球，你一共有几个球？'明明是'五'，你怎么回答'六'呢？""爸爸，你不是常说不能**自欺欺人**吗？我前一科考试得了零分，已经有一个球啦！这样全加起来，不就是六个吗？"

　　小明的回答，真的让爸爸**哑口无言**！

1.＿＿＿＿＿＿：因伤感郁闷或悲痛而发出叹息的声音。

2.＿＿＿＿＿＿：指像哑巴一样说不出话来。

3.＿＿＿＿＿＿：不但欺骗他人，也欺骗自己。

4.＿＿＿＿＿＿：直述其事，无所避讳。

5. ＿＿＿＿＿＿＿＿＿＿：形容学识浅薄，见闻不广。

1. 他把牛蛙当成青蛙，闹了不少笑话，只能怪自己＿＿＿＿＿＿＿＿＿
＿＿＿＿＿＿＿＿，不能怪别人。

2. 考试成绩下来了，大家都考得不好，一个个＿＿＿＿＿＿＿＿＿＿＿。

3. 对朋友应该＿＿＿＿＿＿＿＿＿＿，不能光挑好听的话说。

4. 你不要再＿＿＿＿＿＿＿＿＿＿了，还是面对现实，向他道歉吧！

5. 老师和妈妈一起追问他为什么不写作业，他＿＿＿＿＿＿＿＿＿＿＿。

"直言不讳"的典故

　　"直言不讳"出自《晋书·刘波传》。刘波在前秦皇帝苻（fú）坚围攻襄阳时，因敌我力量相差太过悬殊，没有出兵救援，后以救援不力之罪被免去将军之职。事后，孝武帝了解到了真实情况，又恢复了他的职位。四年后，东晋在淝（féi）水大败前秦，孝武帝命刘波坐镇北方。此时的刘波正患重病，无法完成使命，于是上疏："我从本朝开国的历史，联想到目前的朝政，不顾自己的无知，**直言不讳**地告知皇上，供皇上参考。"接着，他提了许多有益的建议。孝武帝看了，很受感动。

第 55 篇

吓死人喽！

　　猎人老陈骑着马、带着狗出门打猎。不过，他今天**时运不济**，走了一整天，都**一无所得**。虽然已经**暮色苍茫**，老陈还是继续向前走，希望能有所收获。

　　这时候，他听到马开口抱怨："你怎么都不休息，想要累死我啊？"

　　老陈吓得**屁滚尿流**，从马背上滚落下来后**步履**（lǚ）**如飞**地往前跑，他的狗也跟在身边。一人一狗，一直跑到一棵树下才停下来。想到马儿竟然会说话，老陈气喘吁吁，**惊魂不定**。这时候，只听到狗拍拍胸口说："吓死我了！马居然会说话！"

成语意思
猜一猜

1.＿＿＿＿＿＿：指受惊后心情还没有平静下来。

2.＿＿＿＿＿＿：大声喘气、呼吸急促的样子。

3.＿＿＿＿＿＿：行走轻盈，快速如飞。

4. _____ : 形容傍晚天色朦胧昏暗的样子。

5. _____ : 非常惊惧害怕, 狼狈不堪。

6. _____ : 什么也没得到, 什么收获也没有。

成语运用
猜一猜

1. 他平时没有运动的习惯, 才爬一小段山路, 就已经_____
_____了。

2. 已年过古稀的黄爷爷在跑道上_____, 让我们这
些年轻人好佩服。

3. 早上做噩梦醒来, 黄明一副_____的样子。

4. 尽管_____, 这一行人还是决定继续前行, 寻找
下一个适合投宿的地方。

5. 只要虚心学习, 就不会_____。

6. 不要因为_____而郁(yù)郁寡欢, 忍耐虽然痛
苦, 果实却是香甜的。

7. 我军突然发起进攻, 敌人在猝(cù)不及防的情况下被打得
_____。

第 56 篇
动物园的秘密

有一天，动物园的袋鼠竟然跑出兽笼。管理员发现后，决定**亡羊补牢**，把笼子加高 5 米。第二天，袋鼠还是跑到外面，管理员**搜肠刮肚**也想不出原因，只好把笼子再加高 5 米。

没想到，又过了一天，管理员居然又看到袋鼠在外面的草地上**悠游自在**地吃青草。他们**百思不得其解**：难道这些袋鼠会撑竿跳吗？最后他们决定：**一不做二不休**，一口气把笼子再加高 30 米。

那一天晚上，隔壁兽笼的大角羚羊和几只袋鼠们闲聊。大角羚羊说："这些人被你们的**神出鬼没**弄得神经衰弱了呢！你们猜，他们人类还会再加高笼子吗？"

"很难说！"袋鼠说，"谁叫他们老是忘记关门呢。"

1.＿＿＿＿＿＿：比喻出了问题以后想办法补救，可以防止继续受损失。

2.＿＿＿＿＿＿：既然已经做了，就索性做到底。

3.＿＿＿＿＿＿：形容变化巧妙迅速，一会儿出现一会儿隐没，不容易捉摸。

4. _____：形容绞尽脑汁，冥思苦想。

5. _____：悠闲自得，无拘无束。

成语运用
猜一猜

1. 老师出了一道很难的题目，同学们_____，想尽快找出答案。

2. 小松鼠在树上_____，一下子就不见了踪影。

3. 既然衣服已经弄湿了，他干脆_____，跟着我们打水仗。

4. 看到鱼儿_____的模样，他忍不住露出羡慕的眼神。

5. 虽然损失了一些财物，但是你现在做出决定，_____还来得及。

成语 万事通

一不做二不休

"一不做二不休"语出唐朝赵元一《奉天录》。唐德宗时，张光晟（shèng）随着朱泚（cǐ）搞叛乱，又在形势不利时杀了朱泚，投降唐王朝，但最后张仍不免被处死。张在临死前说："传语后人：第一莫做，第二莫休。"后人就用"一不做二不休"表示事情开始了就索性做到底。

第 57 篇

户外教学

　　趁着**草长莺飞**的好时节，老师带领班上的小朋友到附近的观光果园进行户外教学。老师对大家**耳提面命**："水果摘下来之后，一定要洗干净才可以吃。"

　　集合时间一到，大家**井然有序**地排起队，在水龙头前洗水果。老师问："小英，你在洗什么？"小英**笑逐颜开**，非常得意地说："我在洗橘子，我摘到好多橘子呢！"

　　"小如，你呢？""我在洗西红柿，因为我喜欢吃西红柿，就采了西红柿。"

　　老师发现排在后面的小安**默不作声**，想鼓励小安说说话，他也问："小安，你要洗什么呢？"没想到，小安**垂头丧气**地说："唉！我要洗鞋子，因为我踩到大便了！"

 成语意思
猜一猜

1.＿＿＿＿＿＿：比喻恳切地叮咛教诲。

2.＿＿＿＿＿＿：形容江南暮春时节的景色。

3.＿＿＿＿＿＿：形容遭受挫折，神情沮丧的样子。

4.＿＿＿＿＿＿：闷不吭声，不说一句话。

5.＿＿＿＿＿＿：形容整齐有序，条理分明。

6.＿＿＿＿＿＿：形容非常喜悦，脸上笑意逐渐扩散开来的
样子。

成语运用
猜一猜

1. 货架上的物品摆放得＿＿＿＿＿＿＿＿。

2. 看到我们送的礼物，妈妈＿＿＿＿＿＿，高兴地搂着我们。

3. 小学马上要毕业了，老师对我＿＿＿＿＿＿的情景历历
在目。

4. 你不是对萤火虫很感兴趣吗？为什么这次＿＿＿＿＿＿，
不参加大家的讨论呢？

5.＿＿＿＿＿＿的时节，有许多小朋友在公园放风筝。

6. 遇到困难你就＿＿＿＿＿＿的，今后还会遇到更多的困
难，那该怎么办？

成语万事通

"草长莺飞"的出处

　　莺是黄鹂。青草茂密，黄鹂飞舞的春色是多么美丽动人啊。
南朝·梁·丘迟《与陈伯之书》："暮春三月，江南草长，杂花
生树，群莺乱飞。"描写的是江南暮春时节的景象。后来多用"草
长莺飞"形容春天美好的景色。

第 58 篇

什么是"东东"？

有位**大名鼎鼎**的科学家**乐此不疲**地研究企鹅，他甚至学会了怎样跟企鹅说话。

他在南极探访过 100 只企鹅。科学家问第一只企鹅："你每天都在做什么？"第一只企鹅说："吃饭，睡觉，打东东。"科学家心想："东东是什么？"科学家希望其他的企鹅能**指破谜团**，他又问第二只企鹅："你每天都在做什么？"这只企鹅也说："吃饭，睡觉，打东东。"

科学家问到第 99 只，答案都是**一模一样**，只有最后一只的答案不同："吃饭，睡觉。"科学家惊讶地问："你为什么不打东东？"第 100 只企鹅**愤愤不平**地说："我就是那个'东东'！"

成语意思猜一猜

1._____：点破疑点或指引迷津。

2._____：因喜欢做某件事而不知疲倦。

3._____：因愤怒而心中感到不平。

4._____：形容极其有名，名气很大。

成语运用
猜一猜

1. 这兄弟俩长得几乎＿＿＿＿＿＿＿＿＿，连他们的爸爸妈妈都常弄不清楚呢！

2. 学校请来了＿＿＿＿＿＿＿＿＿的作家莫言先生为同学们讲故事。

3. 蚕为什么只吃桑叶呢？希望有人能为我＿＿＿＿＿＿＿＿＿。

4. 哥哥到福利院当义工，虽然辛苦，他却＿＿＿＿＿＿＿＿＿，觉得这是一件很有意义的事。

5. 老是被别人冤枉，难怪你会＿＿＿＿＿＿＿＿＿，觉得大家对你有偏见。

成语 万事通

成语里的"模样"

"模"是指制造器物的标准型器，"样"是指工业生产中可作为标准的固定模板。"模样"除了原本的意思外，更常用的意思是指人的容貌、样子、态度综合的感觉。

"**装模作样**"是指故意做作，不自然的表现。"**好模好样**"形容人长相端正，或是按规矩做事。"**大模大样**"指人态度傲慢的样子。"**恶模恶样**"则是描述人凶恶的样子。

第 59 篇

大家都在忙耶！

两位传教士来到一户人家门口，看到一个蹑（niè）手蹑脚正要走出家门的小男孩。

传教士**笑容可掬**（jū）地问："小朋友你好，你爸爸在不在家啊？"

小男孩**轻声细语**地回答："在啊，不过他很忙！"

传教士又问："那妈妈呢？我跟你妈妈说也可以。"

小男孩露出**刁钻古怪**的笑容说："不行，妈妈也很忙。"

传教士**满腹狐疑**地问："那你家里还有其他人吗？我可以跟他们说话吗？"

小男孩不好意思地说："有啊，还有警察局的几位伯伯呢，但他们也很忙……"

传教士觉得奇怪，忍不住问："他们都在忙什么？"

小男孩小声地说："嘘！小声点！他们都在忙着找我呢！"

1. _____：形容笑容满面，令人亲近。

2. _____：说话声音细小。

3. ＿＿＿＿＿＿＿：放轻手脚走路，行动小心翼翼，不敢声张的样子。

4. ＿＿＿＿＿＿＿：一肚子疑问。比喻疑惑不解的神态。

5. ＿＿＿＿＿＿＿：刁蛮机灵，性情怪僻。

成语运用 猜一猜

1. 为了不吵醒熟睡的妹妹，我们＿＿＿＿＿＿＿地走出大门。

2. 是谁出了这么＿＿＿＿＿＿＿的题目？让大家想了半天，都不知道怎么回答。

3. 阿姨很有耐性，说话总是＿＿＿＿＿＿＿的。

4. 看大门的老爷爷＿＿＿＿＿＿＿，对每一个人都很亲切。

5. 他居然在大热天穿起厚外套，怪异的行径让人＿＿＿＿＿＿＿＿＿＿＿，不知道他葫芦里卖的是什么药。

成语万事通

成语里的"腹"

"口蜜腹剑"比喻一个人嘴上说得好听，事实上却内心险恶，处处想陷害别人。"锦心绣腹"是赞美人文思巧妙，文辞富丽。"腹背受敌"指前后都受到敌人的攻击，表示一个人陷入处处为难的窘境。"腹背之毛"比喻无足轻重的东西，也比喻无用的人。

第 60 篇

父母难当

　　放学时分，校门口有一群**引颈**（jǐng）**而望**，等着接小孩的爸爸妈妈。其中，张太太和李太太**一见如故**，谈起自己的宝贝孩子，都是**恨铁不成钢**，各有一肚子苦水。

　　张太太说："我女儿喜欢打电话，每天像**三姑六婆**一样，一打就是好几个小时。好不容易，有一次只讲了半个小时，我问她是谁打来的……""结果呢？""原来这次只是个拨错电话的人！"

　　李太太也摇头说："我问我儿子，这次考试怎么考了全班最后一名，我儿子居然说这不能怪他，因为成绩最差的同学转学了……"

　　两人说着，说着，真有点**欲哭无泪**，忍不住感叹："父母难当啊！"

 成语意思
猜一猜

1. ＿＿＿＿＿＿：泛指爱搬弄是非、不务正业的妇女。

2. ＿＿＿＿＿＿：伸长脖子遥望。形容殷（yīn）切期盼。

3. ＿＿＿＿＿＿：初次见面就相处融洽（qià），如老友一般。

4. ＿＿＿＿＿＿＿＿：形容对所期望的人不争气不上进感到不满，急切希望他变好。

成语运用
猜一猜

1. 眼看着一年的辛劳在一场暴风雨下化为乌有，果农们个个唉声叹气，＿＿＿＿＿＿＿＿。

2. 我们都喜欢登山，虽然是第一次见面，却有＿＿＿＿＿＿＿＿的感觉。

3. 我们一家人在机场出口＿＿＿＿＿＿＿＿，只盼赶快见到学成归国的大哥。

4. 小刘不思进取，望子成龙的刘爸爸＿＿＿＿＿＿＿＿。

5. 她们都是喜欢搬弄是非的＿＿＿＿＿＿＿＿，你最好不要跟她们太亲近。

成语万事通

"三姑六婆"是指谁？

　　"三姑六婆"出自明·陶宗仪《辍（chuò）耕录·三姑六婆》。"三姑"即尼姑、道姑、卦（guà）姑，分别是庙里的、道观里的和给人算卦的女性。"六婆"即牙婆、媒婆、师婆、虔（qián）婆、药婆、稳婆。牙婆，以介绍人口买卖为业而从中牟（móu）利；媒婆，专门为男女说亲；师婆，即巫婆；虔婆，开设妓院的妇人；药婆，蛊（gǔ）药婆的简称，利用药物给人治病或加害他人；稳婆，以接生为业。

成语笑话创作台

参考答案

第1篇　一、气急败坏　披头散发　魂飞魄散　老成持重　惊慌失措
　　　　二、老成持重　气急败坏　惊慌失措　魂飞魄散　披头散发

第2篇　一、疾恶如仇　不务正业　潸然泪下　扶倾济弱　好吃懒做　恨之入骨
　　　　二、不务正业　疾恶如仇　好吃懒做　恨之入骨　扶倾济弱　潸然泪下

第3篇　一、自告奋勇　急如星火　谈天说地　横眉怒目　暴跳如雷
　　　　二、横眉怒目　谈天说地　自告奋勇　暴跳如雷　急如星火

第4篇　一、天花乱坠　一言不发　弄巧成拙　嗤之以鼻　能言善辩
　　　　二、能言善辩　嗤之以鼻　一言不发　天花乱坠　弄巧成拙

第5篇　一、面如死灰　和颜悦色　大腹便便　不苟言笑　彬彬有礼　不置可否
　　　　　　不厌其烦　心惊胆战　不动声色
　　　　二、不苟言笑　面如死灰　和颜悦色　心惊胆战　大腹便便　不厌其烦
　　　　　　彬彬有礼　不动声色　不置可否

第6篇　一、刻不容缓　一本正经　绞尽脑汁　匪夷所思
　　　　二、绞尽脑汁　刻不容缓　匪夷所思　一本正经

第7篇　一、黯然神伤　依然如故　日月如梭　心神不定　见所未见　自由自在
　　　　二、依然如故　日月如梭　见所未见　黯然神伤　自由自在　心神不定

第8篇　一、毕恭毕敬　卑躬屈膝　鼻青脸肿　惊弓之鸟　得意扬扬
　　　　二、鼻青脸肿　毕恭毕敬　得意扬扬　卑躬屈膝　心满意足　惊弓之鸟

第9篇　一、怡然自得　垂涎三尺　天高气爽　聪明伶俐
　　　　二、聪明伶俐　怡然自得　天高气爽　垂涎三尺　出人意料

第10篇　一、泪如雨下　痛入骨髓　无巧不成书　按部就班
　　　　二、无巧不成书　泪如雨下　按部就班　痛入骨髓

第11篇　一、心急如焚　形影不离　全力以赴
　　　　二、当务之急　全力以赴　心急如焚　形影不离

二、一本正经　纹丝不动　欣喜若狂　郑重其事　寻根追底　平淡无奇
　　扬眉吐气　百思莫解

第26篇　一、红光满面　攒眉苦脸　意气风发　斯斯文文　进退两难　如假包换
　　铁口直断

二、攒眉苦脸　如假包换　斯斯文文　红光满面　意气风发　进退两难
　　铁口直断

第27篇　一、不可多得　物美价廉　艳丽夺目　不知不觉

二、艳丽夺目　不可多得　不知不觉　物美价廉

第28篇　一、大步流星　鲜衣美食　时运不济　奄奄一息　命运多舛

二、时运不济　奄奄一息　鲜衣美食　命运多舛　大步流星

第29篇　一、顾全大局　保家卫国　如坐针毡　毅然决然　束手待毙　迫不得已

二、如坐针毡　毅然决然　顾全大局　迫不得已　保家卫国　束手待毙

第30篇　一、不由自主　千钧一发　果如其言　危如累卵

二、果如其言　危如累卵　将信将疑　不由自主　千钧一发

第31篇　一、洛阳纸贵　满腔热忱　座无虚席　躬逢其盛　饶有风趣

二、躬逢其盛　饶有风趣　座无虚席　洛阳纸贵　满腔热忱

第32篇　一、喜笑颜开　脱口而出　愁容满面　对答如流　多如牛毛　心浮气躁
　　接二连三

二、愁容满面　心浮气躁　脱口而出　对答如流　喜笑颜开　接二连三
　　多如牛毛

第33篇　一、支吾其词　退而求其次　推心置腹

二、不置可否　支吾其词　退而求其次　推心置腹　吞吞吐吐

第34篇　一、嬉皮笑脸　瞠目结舌　垂涎欲滴　怪声怪气

二、瞠目结舌　垂涎欲滴　怪声怪气　嬉皮笑脸

第35篇　一、活灵活现　手足之情　津津乐道　行疾如飞　眼泪汪汪　按捺不住

二、眼泪汪汪　活灵活现　手足之情　行疾如飞　按捺不住　津津乐道

第36篇　一、如堕五里雾中　怒气冲冲　亦步亦趋　隐隐约约

二、亦步亦趋　隐隐约约　怒气冲冲　灵机一动　心惊胆战

如堕五里雾中

136

二、忐忑不安　娇生惯养　信誓旦旦　祸不单行　长吁短叹

第50篇　一、两手空空　欲哭无泪　奋发图强　名列前茅　喜出望外

二、名列前茅　奋发图强　欲哭无泪　喜出望外　两手空空

第51篇　一、恼羞成怒　如出一辙　怒不可遏　痛定思痛　一模一样

二、如出一辙　怒不可遏　痛定思痛　一模一样　恼羞成怒

第52篇　一、头昏眼花　议论纷纷

二、头昏眼花　议论纷纷　气急败坏　噤若寒蝉　忐忑不安　怒气冲冲

第53篇　一、目光如炬　光怪陆离　手足无措　鬼斧神工　始料不及　踌躇不前

不避艰险

二、光怪陆离　鬼斧神工　不避艰险　始料不及　踌躇不前　目光如炬

手足无措

第54篇　一、唉声叹气　哑口无言　自欺欺人　直言不讳　孤陋寡闻

二、孤陋寡闻　唉声叹气　直言不讳　自欺欺人　哑口无言

第55篇　一、惊魂不定　气喘吁吁　步履如飞　暮色苍茫　屁滚尿流　一无所得

二、气喘吁吁　步履如飞　惊魂不定　暮色苍茫　一无所得　时运不济

屁滚尿流

第56篇　一、亡羊补牢　一不做二不休　神出鬼没　搜肠刮肚　悠游自在

二、搜肠刮肚　神出鬼没　一不做二不休　悠游自在　亡羊补牢

第57篇　一、耳提面命　草长莺飞　垂头丧气　默不作声　井然有序　笑逐颜开

二、井然有序　笑逐颜开　耳提面命　默不作声　草长莺飞　垂头丧气

第58篇　一、指破谜团　乐此不疲　愤愤不平　大名鼎鼎

二、一模一样　大名鼎鼎　指破谜团　乐此不疲　愤愤不平

第59篇　一、笑容可掬　轻声细语　蹑手蹑脚　满腹狐疑　刁钻古怪

二、蹑手蹑脚　刁钻古怪　轻声细语　笑容可掬　满腹狐疑

第60篇　一、三姑六婆　引颈而望　一见如故　恨铁不成钢

二、欲哭无泪　一见如故　引颈而望　恨铁不成钢　三姑六婆

星级评价表

单元	篇目	流畅朗读笑话 ★	看着笑话口述两个"猜一猜"练习 ★★	看着答案中的成语创造性复述笑话 ★★★	用篇目中所学成语创作笑话 ★★★★
第一单元	第1—5篇				
	第6—10篇				
第二单元	第11—15篇				
	第16—20篇				
第三单元	第21—25篇				
	第26—30篇				
第四单元	第31—35篇				
	第36—40篇				
第五单元	第41—45篇				
	第46—50篇				
第六单元	第51—55篇				
	第56—60篇				